碑刻

皇皇史册

中轴线
北京文化游典

北京非物质文化遗产保护中心
组织编写

蔡 辉 著

北京出版集团
北京出版社

图书在版编目（CIP）数据

碑刻：皇皇史册／北京非物质文化遗产保护中心组织编写；蔡辉著. — 北京：北京出版社，2021.10
（北京中轴线文化游典）
ISBN 978-7-200-16084-0

I. ①碑… II. ①北… ②蔡… III. ①碑刻—汇编—北京 IV. ①K877.42

中国版本图书馆CIP数据核字（2020）第255392号

北京中轴线文化游典

碑刻
皇皇史册
BEIKE
北京非物质文化遗产保护中心　组织编写
蔡辉　著

*

北京出版集团
北京出版社　出版
（北京北三环中路6号）

邮政编码：100120

网　址：www.bph.com.cn
北京伦洋图书出版有限公司发行
北京鑫益晖印刷有限公司印刷

*

787毫米×1092毫米　16开本　20.75印张　243千字
2021年10月第1版　2023年7月第2次印刷
ISBN　978-7-200-16084-0
定价：79.80元
如有印装质量问题，由本社负责调换
质量监督电话：010-58572393

总　序

　　"一城聚一线，一线统一城"，北京中轴线南端点在永定门，北端点在钟楼，位居北京老城正中，全长 7.8 千米。在中轴线上有城楼、御道、河湖、桥梁、宫殿、街市、祭坛、国家博物馆、人民英雄纪念碑、人民大会堂、景山、钟鼓楼等一系列文化遗产。北京中轴线自元代至今，历经 750 余年，彰显了中华民族守正创新、与时俱进的文脉传承，凸显着北京历史文化的整体价值，已经成为中华文明源远流长的伟大见证。

　　北京中轴线是北京城市的脊梁与灵魂，蕴含着中华民族深厚的文化底蕴、哲学思想，也见证了时代变迁，体现了大国首都的文化自信。说脊梁，北京中轴线是中华民族都市规划的杰出典范，是北京城市布局的脊梁骨，对整座城市肌理（街巷、胡同、四合院）起着统领作用，北京老城前后起伏、左右对称的建筑或空间的分配都是以中轴线为依据的；说灵魂，北京中轴线所形成的文化理念始终不变，尚中、居中、中正、中和、中道、凝聚、向心、多元一统的文化精神始终在中轴线上延续。由此，北京中轴线既是历史轴线，又是发展轴线，还是北京建设全国文化中心的魅力所在、资源所在、优势所在。

北京中轴线是活态的，始终与北京城和中华民族的发展息息相关。在历史长河风云变幻中，一些重大历史事件都发生在中轴线上，同时中轴线始终有社会生活的烟火气，留下了京城百姓居住、生活的丰富印迹。这些印迹既有物质文化遗产，又有非物质文化遗产；这些印迹不仅有古都文化特色，还有对红色文化的展现、京味文化的弘扬、创新文化的彰显。中轴线就像一个大舞台，包括皇家宫殿、士大夫文化、市民生活，呈现开放包容、丰富多彩、浓厚的京味，突出有方言、饮食、传说、工艺、科技以及各种文学、艺术等。时至近现代，在中轴线上还有展现中华民族革命斗争的历史建筑和社会主义现代化建设的红色文化传承。今天，古老的中轴线正从历史深处昂扬走向璀璨的未来，在传统文化与现代文明的滋养中焕发出历久弥新的时代风采。

北京中轴线是一张"金名片"，传承保护好以中轴线为代表的历史文化遗产是首都的职责，也是每一个市民的责任。以文塑旅，以旅彰文，"北京中轴线文化游典"是一套以学术为支撑，以普及为目的，以文旅融合为特色，以"游"来解读中轴线文化的精品读物。这套读物共16册，以营城、建筑、红迹、胡同彰显古都风韵，以园林、庙宇、碑刻、古狮雕琢文明印迹，以商街、美食、技艺、戏曲见证薪火相传，以名人、美文、译笔、传说唤起文化拾遗。书中既有对北京城市整体文化的宏观扫描，又有具体而精微的细节展现；既有活跃在我们生活中的文化延续，也有留存于字里行间的珍贵记忆。

　　本套丛书自规划至今已近 3 年，很多专家学者在充分的交流与研讨中贡献了真知灼见，为丛书的编辑出版提供了宝贵建议。在此，我们对所有参与课题调研、交流研讨的专家学者以及众多编者、作者表示感谢。

　　"让城市留住记忆，让人们记住乡愁。"北京中轴线的整体保护与传承，不仅是推进全国文化中心建设的重要举措，更是我们这一代人的历史责任与使命。只有正确认识历史，才能更好地开创未来。要讲好中轴线上的中国故事、传递好中国声音、展示好中国形象，使这条古都的文化之脊活力永延。我们希望"北京中轴线文化游典"的问世，能让历史说话，让文物说话，让专家说话，让群众说话，陪伴您在游走中了解北京中轴线的历史文化内涵，感知中轴线上的文化遗产，体验首都风范、古都风韵、时代风貌，不断增强文化获得感，共筑中国梦。

李建平

2021 年 4 月

目　录

前　言

为了那一万通古碑

粗算一下，大概是快四十年前的事了。

那时刚上初中，陪父亲去北海公园玩。园中刻石、楹联甚多，文辞雅致，就随手记了一些，很快便知：凭我一人之力，根本不可能记完。一是太多了，二是很多字我不认识。

直到今天，我依然能想起父亲当时兴奋的表情。他不是北京人，不适应北京文化，也不从事文字工作。他与那些刻石、楹联之类，没有直接关联，它们在与不在，对他的生活毫无影响。

光阴荏苒，父亲已去世多年。我一直做的事，和这个小片段无关，曾以为完全忘却，直到遇到这本书的选题，昔日场景突然又回到眼前。由此生出别样的感慨：一切必有前因，只是它一直潜伏着，等待被唤醒。

其实，我有多少资格来写这本书呢?

刚接触材料时，几乎被吓倒——这么多的文献要读，这么多的事要搞清楚，这么多的新东西要学。况且，北京在飞速变化中，几年不回家，可能就找不到回家的路。同理，几年前记录这块碑尚在某地，如今便不知其踪……

更麻烦的是，我对写这本书的意义产生了怀疑：这么小众的书，会有人读吗？它对读者有什么帮助呢？

直到读到一篇文章，大意是，北京目前还有四五万通古碑，其中一万通散落民间，至今没找到。一万通，这是一个非常巨大的数字，为什么我此前没意识到呢？小时候，在胡同中穿行，常能看到旧碑，很多用来做井盖，字迹难辨，并不觉得珍贵。

不是我一个人麻木，而是许多人麻木，终于会合在一起，变成一万个遗憾，一万个空洞。

在写作中，我反复想：如果我现在遇到这块碑，我会认真对待吗？我会不会觉得它珍贵？我能否对它产生相遇感，为它欣喜，融入其中，乃至把它当成我的一部分？

哪怕仅仅是为了那一万通古碑，不再被漠视，不再被湮灭，我就该把这本书写出来。

本书写作的过程，也是一个自我教育的过程。写得好坏，只能读者评判，有两点问心无愧：

其一，笔笔有来历。所有材料均经反复比对才敢用。

其二，试图写得有趣些。古碑不是"石头＋文字"，总有一种声音被封锁在时间的另一边，把它解放出来，是写作者的责任。

通过本书的写作，我渐渐理解了父亲当年的兴奋。在这个世界上，人是唯一能给自己赋予意义的生命。只有想象出更好的生活，才有实现它的可能。一旦丧失了对好生活的想象力，那么，人便不复为人。

所以，当下做的每件事，都有意义。

我的父亲不懂古碑，但他在想象，自己的孩子懂了将会如何，这足以让他兴奋。只是我太愚蠢，经过这么多年，才多少有点理解。所以越写，便越有心理负担——也许，父亲正在冥冥中看着这本书，他也许正感到失望。

是为序。

蔡辉

2020 年 8 月 30 日

第一辑

中轴如银河　碑碣似星辰

成贤街国子监　方砚绘

碑可能是古代的起重机

碑从何而来？至今仍存争议。

清朝著名语言学家王筠在《说文释例》中提出："秦之纪功德也，曰立石，曰刻石。其言碑者，汉以后之语也。"意思是说，到了汉代，才有"碑"这一说法，而秦朝人想吹牛，一般是找块石头，在上面乱写乱刻即可。

秦始皇是乱写乱刻风气的重要推动者，一般刻在上圆下方的石头上，正确称呼是"碣"。一般来说，只有长方形的石头才叫"碑"，但"碑""碣"二字，古人也常混用。

古人干吗要在石头上乱刻呢？

王筠的解释是，古人在生活中常用竖石，初期上面不刻文字，后来觉得空着也是空着，逐渐刻上了文字，于是便有了碑。王筠认为，早期竖石主要起到三种功能：

其一，计时。所谓"宫必有碑，所以识日景（通影），引阴阳也"，就是根据石碑投下的阴影来计算时间，类似于后来的日晷，只是没有表盘。1997 年，在河南新郑的韩国宗庙遗址（今河南省新郑市郑韩路中段以南，新郑博物馆以北）发现了一块无字石碑，高3.25 米，宽 0.45 米，厚 0.26 米，中部偏下有穿孔，呈圭状（即尖头状），显然是用来计时的，它是目前发现的最早的碑形建筑，被称为"华夏第一碑"。

其二，拴马桩。《礼记》中就说："既入庙门，丽于碑。"丽是拴的意思，这句话的意思是：进了庙门，先把牲口拴在石桩上。在古代，重要建筑外皆有拴马用的石桩。

其三，起重机。这一说法流传最广，得到大多数学者认同。东汉经学集大成者郑玄在注解《礼记》时，明确写道："丰碑，斫大木为之，形如石碑，于椁前后四角树之，穿中于间为鹿卢，下棺以綍绕。"

郑玄的意思是：最早的碑是用大木头制成，称为丰碑，作用是把棺椁平稳地吊放到墓穴中。所以在墓穴的角落各立一根木桩，上面开圆孔，将捆棺椁的粗绳子穿进去（这绳子在运棺材前进时，称为引；在吊装棺材时，称为綍，音如律），缓缓用力，就能成功。棺椁被埋葬后，大木桩不再挪走，方便后人上坟时辨识。

郑玄表示，这种大木头不可乱竖，"天子六綍四碑，前后各重鹿卢也……诸侯四綍二碑，碑如桓矣。大夫二綍二碑，士二綍无碑"。意思是：诸侯级别的逝者，才可以用两根大木桩，用四根粗绳子捆棺材；大夫级别的逝者，只可用两根大木桩，用两根粗绳子；读书

"华夏第一碑"是目前发现最早的碑形建筑

人级别的逝者，不能使用大木桩，只可用两根粗绳子。

古人真会用这种"笨办法"吗？

在1976年发掘的陕西凤翔秦公大墓（位于今陕西省凤翔县南指挥村，是迄今为止我国发掘的最大古墓）中，果然发现了四根巨大的木桩，而且发现了辘轳、绳索等，为"碑本是起重机说"提供了力证。不过，用四根大木桩是天子之制，秦公只是诸侯，显然逾制了。

虽然文字证据与地下文献相契合，可具体怎么操作，古人为何不选择更简便的工具……种种疑问，至今难解。

丰碑是原始的起重机，在它的上面，大多凿有一个圆孔，用来

《益州太守高颐碑》上方的圆孔即为"碑穿"，圆孔上方的弧形是"碑晕"

穿绳子。早期石碑延续了这一造型，汉代的石碑上基本都有孔，即"碑穿"。

不过，少数丰碑上没有钻孔，而是把绳子直接缠在上面，因此会磨出螺旋纹，这被称为"碑晕"。在许多早期石碑上，也模仿性地刻上"碑晕"。

驮石碑的不是龙的儿子

在中国古代，纪念性刻石很早便已出现，石碑出现较晚，大概到东汉时才普及。

欧阳修曾说："自后汉（东汉）以后始有碑文，欲求前汉时碑文卒不可得。是则冢墓碑，自后汉以后始有也。"著名学者马衡先生在《凡将斋金石丛稿》中也指出："碑，用以刻辞，果始自何时？曰，始于东汉之初，盛于桓、灵之际，观宋以来所著录者可知矣。"

汉代"以孝治天下"，除了两祖（即汉太祖高皇帝刘邦、汉世祖光武帝刘秀），所有皇帝的谥号都是双谥，必添入孝字。比如汉武帝，正式称呼应为汉孝武帝；再如汉文帝，正式称呼为汉孝文帝。汉律规定，高龄者授予王杖，待遇"比六百石"，可"入官府不趋"；殴辱持王杖者，一律弃市。

两汉重孝，所以盛行厚葬。史载"汉法，天子即位一年而为陵，天下贡赋三分之：一供宗庙，一供宾客，一供山陵"。就是说，当上皇帝的第二年便开始修陵，政府年收入的三分之一花在这上面，东汉更是到了穷奢极欲的地步。

比如天子下葬时，口中必置"饭含"，就是用粮食掺上碎玉，塞到嘴里，诸侯则是粮食掺上珍珠，有的连粮食都不掺，直接放入玉石，称为"含"。逝者入殓时，需穿多重外衣，名为"袭"，天子要穿十二层，诸侯穿七层，士都要穿三层。在最外层，天子与诸侯还要套上金缕玉衣或银缕玉衣。

在墓碑制作上，自然也不含糊。汉碑选料精良，现存东汉一百六十多块石碑中，一百多块是以花岗石为碑材。此外，墓碑工匠需在碑上署名，即"物勒工名，以考其诚。功有不当，当行其罪，以穷其情"，便于事后追究。

《汉故郎中郑君之碑》中间圆形空白即"碑穿"

东汉末年，请名人写碑已成风尚，蔡邕一生多次帮别人撰写墓碑，他曾对卢植说："吾为碑铭多矣，皆有惭德。"意思是，总是帮墓主人吹得过头，有些脸红。

东汉是中国石碑发展的重要阶段，主要贡献在：

其一，确立了碑首、碑身、碑座的三部分结构。

其二，形成了以文字为主、装饰为辅的定制。

汉代碑首分三种，即尖首碑（又称圭首碑）、方首碑和圆首碑。

圆首碑《孔谦碑》的"碑穿"旁有三条"碑晕"

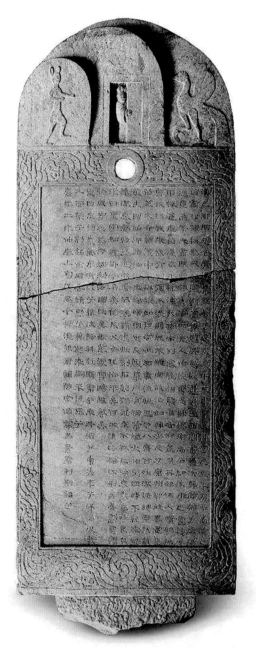

《景云碑》下方有石榫，用来与碑座相连

东汉初期碑身与碑座多用榫卯连接，有的干脆不设碑座，直接插在土里。至迟到东汉灵帝时期（168—189，一说167—189），已出现龟趺碑座。汉人崇龟，在汉画像石中，经常可见"仙人乘龟"的图案，在汉晋墓葬中，经常用小铜龟做棺椁下的支撑物。

1982年，在山东省平度县侯家村发现了《王舍人碑》，其刻铭时间为东汉灵帝光和六年（183），这是现存最早的龟趺碑座，呈方形，此时的龟趺并非龙头。

到东汉末年，已有不少石碑的

方首碑《袁安碑》的"碑穿"设在碑的正中间

碑首、碑身、碑座不再设榫卯，完全用一块石头凿成。

需要特别说明的是，民间传说龟趺名赑屃（音如币戏），是龙的儿子之一，天性好负重，即"龙生九子，各不相同"。其实，赑屃原本不是名词，而是形容词或副词，表示力壮貌。

"龙生九子"说是明弘治（1488—1505）后才出现的。明孝宗一日读书，见"龙生九子"而不解，便写纸条问内阁，内阁大学士李东阳恍惚记得曾在"杂书"中读到过，但怎么也想不起来，便问编修罗玘，罗玘也不知道，又去问吏部刘绩，刘绩从家中找出一本旧册子，记有九子之名，却未载出处。

《王舍人碑》是目前发现的最早的带龟趺碑座的石碑

李东阳结合几人的说法，凑成九子名目，李东阳的弟子杨慎记在《升庵集》中。滑稽的是，杨慎记下的是十个名字，与李东阳提交名目不太相同。

其实，李东阳的"九子说"抄自明代学者陆容的《菽园杂记》中的"古诸器物异名"条，该书列出十四个名字，且陆容从没说它们是龙的儿子。估计是李东阳答不上来，罗玘、刘绩等为了糊弄皇帝，便胡乱找本书抄过来蒙事，为凑"龙生九子"之数，擅自删去五条。

明代学者陈耀文曾批评说："盖此事也，大臣不学，小臣妄对，其误一耳。"

显然，"龙生九子"只是一个匆忙捏造出来的说法，不能当真。

碑上的孔是怎么弄丢的

三国时，为鼓励薄葬，曹操严禁立碑，即"魏武帝以天下凋敝，下令不得厚葬，又禁立碑"。曹操去世后，墓前也不立碑。但在魏国管界内，仍有《孔羡碑》《曹真残碑》《王基残碑》《范式碑》等古碑出土，曹丕称帝时，也曾将《上尊号奏》《受禅表》刻成碑。

两晋时期，延续了禁碑令，帝王陵墓前皆不设石碑。门阀士族经特许，方可在墓前竖碑。

晋武帝司马炎下令："此石兽碑表，既私褒美，兴长虚伪，伤财害人，莫大于此。一禁断之。其犯者，虽会赦令，皆当毁坏。"意思是，对于私自竖碑的，虽然不会惩罚，但一定要把碑毁掉。

受禁碑令的影响，魏晋成为中国石碑发展的低潮期。

到南北朝时，北朝不禁碑，南朝则因佛教盛行，"造像碑"流行一时，它与传统石碑不太一样，不受禁碑令约束。中国石碑文化有所复兴，出现了两个重要变化：

第一，"碑穿"已无实际作用，渐渐消失。

东汉的石碑基本都有"碑穿"，有些甚至影响了碑文的文字排列。"碑穿"的消失是一个渐进的过程。

初期为去除"碑穿"的单调感，强化了"碑晕"的设计，从刚开始的三条弧线，增加到四五条。

继而是"碑晕"演化为螭的形状，围绕着"碑穿"，呈龙戏珠式的造型。对于这个新颖的碑首设计样式，清代学者叶昌炽曾说："汉碑多蟠螭，唐碑多蟠龙。蟠螭之形，有如奔马，四足驰骤，两龙中间或缀以珠，有云气缭绕之。"

最终，工匠们直接在碑上刻宝珠、太阳等，来替代"碑穿"。

后来的古碑偶尔也有"碑穿"，但都设在碑的侧面，是为运输方便而设，不是设计元素，与传统的"碑穿"已没什么关系了。

第二，尖首碑渐渐退出历史舞台。

尖首碑即圭首碑。圭是上古君王祭祀的重要礼器，用来祭祀东方方位，是权力的象征。从天子到大臣，在正式场合，必须佩戴不同规格的玉圭。春秋时，随着玉石加工水平提升，工艺更复杂、造型更完美的玉璧逐渐替代了玉圭，但圭形仍具有某种神圣意味。

然而，制作圭首碑太废料，且南北朝时，犍陀罗雕刻技法传入中原，石刻工匠转而追求精熟艳丽。圭首碑的设计空间小，缺乏施展技艺的空间，渐渐被淘汰。

犍陀罗是公元前6世纪已经存在的南亚次大陆国家，历史上面积变化很大，一般指今阿富汗一带。亚历山大东征时，曾占据这里，以后四百多年，当地统治者多是希腊人的后裔。在犍陀罗，古希腊哲学与传统佛教相结合，使原始佛教具有了世界性宗教的可能，早期传入中原的佛经多是犍陀罗文写成。犍陀罗的造像艺术既有古希腊雕塑的写实风格，亦有古印度雕塑的慈悲精神，对中国雕塑产生了巨大影响。

不过，消失的"碑穿"与尖首碑相融合，形成了碑额。初期碑额只用篆书，所以又称篆额，后期则有各种书体，形状也从单独的圭状，派生出长方形、方形等形状。

唐代重新实现了"大一统"后，碑的发展达到高峰。

据唐代的法律文献《唐律疏议》记："五品以上，听立碑；七品以上，立碣。茔域之内，亦有石兽。"除了允许中下级官员立碑外，还明确规定，"毁人碑、碣及石兽者，徒（即强制劳动）一年"。

唐代设置了甄官署，专门管理墓碑与明器，允许在"凶肆"（相当于后来的丧葬用品店）中售卖墓碑。

唐太宗李世民亲自书碑，这是此前绝无仅有的事，他首创行书入碑，鼓励了在墓碑上炫耀书法的风气。唐代著名文学家、书法家李邕一生曾为人撰写碑铭多达八百余块，韩愈、柳宗元、白居易等都曾写过"谀墓文"（就是过分吹嘘逝者的碑志）。

在各方推动下，唐碑成为中国造碑史的最高峰。体现在：形制阔大，书法水准空前绝后，一改古碑的呆板之气。此外，唐碑制作技法精良，不论是碑身线刻花纹，还是碑首浮雕，乃至龟趺，均达到中国古代造碑工艺的最高水准。

汉碑一般只有一米至三米高，唐碑则高大得多，达到四米至五米，如此大石不易找，所以唐代碑身、碑座多用分离式设计，以榫卯连接。

　　唐代以后，中国古碑在形制上再无重大变化，石碑渐成规范化的礼治工具。

武则天的无字碑有碑额，此圭形空白即"碑穿"与"尖首碑"的遗留

石碑和石刻不一样

石碑与石刻虽有交集，但不尽相同。石碑只是石刻的一种，此外还有摩崖石刻、刻石、墓志、石经、石阙、造像碑、经幢、井栏、题咏题名等。

摩崖石刻：指利用天然的石壁刻文记事，一般情况下，岩画也可算在内。摩崖石刻起源于远古，盛行于北朝，此后代有佳作，艺术价值、史料价值突出。

刻石：东汉前刻有文字的石头，一律称为刻石。刻石在形制上无规范，历史悠久，后人多将它视为碑的一种。

墓志：指放在墓里的、刻有死者生平事迹的石刻，分上下两部分，上是"盖"，下是"底"，"底"上刻有墓志铭（注意，志和铭是两种不同的文体。志是散文，叙述逝者生平；铭是韵文，评价逝者一生），"盖"上刻有标题。墓志必出自墓中。

石经：指石刻的经书，既可以刻于石碑，也可以刻于摩崖，内容是儒家、道家或佛家的经典。

石阙：阙本是一种建筑，春秋即有，是古代宫廷大门外建的两座对称的台子，上圆下方，台上有楼观，两台之间以阙然为道，所以人们将这种建筑整体称为阙。石阙是模仿阙建成的纪念物，立在宫庙、陵墓之前，铭记官爵、功绩，或装饰用，作用和石碑相似。

造像碑：北魏至唐代风行的一种石碑，是在整块石碑的一面或多面雕出佛像，并刻上发愿文、施主姓名及纪年，用来还愿或施功德。唐后便消失。

石鼓，世称"石刻之祖"

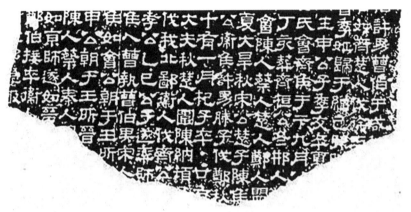

目前可见最早的石经是东汉时期的《熹平石经》

经幢：幢本是中国古代仪仗中的旌幡，杆上加丝织物而成。唐代中期密宗佛教传入后，改成石刻形式，主要内容是《陀罗尼经》。经幢多呈六边形或八边形，五代、两宋时期遗留最多，一般安置在大路边或寺院内。

此外还有井栏和题咏题名等。

井栏即水井围栏，又叫银床，主要用来保护水井，一般呈围墙式结构，有多种建筑方式，往往设有刻石。

题咏是文人雅士留下的纪念性文字，题名则是刻自己姓名留念。唐代中后期，考取进士者会在大雁塔的砖上刻名留念，成为一种风俗，即"雁塔题名"，后来逐渐演变成"文举在大雁塔，武举在小雁塔"题名的习俗，唐代以后消失。

这些石刻中不乏精品，但一般不算是碑。

《刘子瑞造像碑》雕造于北齐天保三年（552）

在老北京，各种石刻均有，但除了石碑，其他较少出现在中轴线上。因为石碑的礼治特色更强，是高度规范的石刻，有强烈的契约、政令、神圣意味，多出现在权力场中，是一种制度性安排，排斥随意性。

碑是怎么刻出来的

一般来说，刻碑分十多道工序，即选材、构型、成坯、选文、布版、上样（具体又可分为书丹、起稿、勾字、过朱、锤定、挂胶）、镌刻、组件、上色、打磨、碑拓。

根据以上工序的名称，可大致推断出操作方式。其实流程之间区分并不明显，且碑拓不属于刻碑。极言烦琐，是传统手工艺人的习惯。在这些工序中，相对难理解的是"书丹"。

书丹指把碑磨好后，表面涂黑，打好格，直接用朱砂在石板上书写，写完后便可直接刻。朱砂干燥，写在石上，不会像墨汁那样流淌，笔画也不会收缩，且色红，与石料颜色区别明显，便于刻工操作。

后来工艺发生变化，书手只需把字写在纸上，按习俗仍称"书丹"，其实写墨字即可。刻碑匠用透明的油纸覆盖在墨本上，沿着

唐代高昌人撰写的《王阇桂墓表》书丹稿，未能刊刻

字的边缘勾勒下来，这被称为"勾字"，又称"双勾"。在清代，油纸制作很复杂：先在纸上涂上蜂蜡，再用熨斗反复熨烫，这被称为"烫蜡"，纸张变硬后，呈现出半透明的效果。

为方便镌刻，"勾字"后的油纸常被裁成一条条的，称为"油条"或"油条子"。"油条"一般会制作成两份，一份上交审核，批准后存档，另一份用来实际使用。

勾好字的油纸翻过来，用朱砂勾勒，这被称为"过朱"。将"过朱"后的油纸再翻过来，覆盖在石碑上，并用白芨水、大蒜汁等，将油纸牢牢地粘在碑材上，然后垫上垫子，用木槌反复敲打，使油纸上的朱砂痕迹完全转印到石碑上，这被称为"锤定"。

"锤定"后，揭去油纸，石碑上已有清晰的朱砂字样，挂上胶后，就可以刻了。

古人初期不用浮雕，多是线刻。佛教传入后，才受西方雕刻影响，出现了浮雕。看一座碑，主要看四点，即碑材如何，碑形如何，装饰处的刻工是否精良，碑文刻工如何。

如何挑选碑材

早期刻刀欠锋利，制碑多选砂岩等软石，难以长期保存。随着刻刀制造技术提高，碑材以花岗岩为最佳，此外多用青石、青白石、大理石，少数采用汉白玉。

花岗岩含矿物质颗粒，样式美观，且硬度高、不易磨损，是露天石碑首选。但刊刻难度大，不适合字数较多的碑。

青石是石灰岩，呈灰色或褐色。青石的硬度较低，便于雕刻，耐风化，是最常用的碑材。

青白石是大理石的一种，又称草白玉，取材较方便，材质细腻，韧度好，近似汉白玉。但颜色较暗，且容易风化。

汉白玉石质软、防水性好，但容易被腐蚀，且表面易出划痕。汉白玉的成本是青石的三十倍以上，此外辐射性较强，不利于人体健康，一般用来刻人物雕像。

　　清代皇家所用石碑多出自房山大石窝（今属房山区大石窝镇，位于北京西南，民间有"汉白玉的故乡"之说），从唐代起便大量开采汉白玉与"艾叶青"石料。"艾叶青"是一种青石，天然花纹如艾叶，脉络明显（有些青白石也有艾叶花纹，但脉络模糊），抛光后有油脂般的光泽，多用来制碑。

　　除"艾叶青"外，清宫也用"乌拉石"，又称松江石、松花玉，产自吉林松花江畔，常用来制砚。清宫制碑前，会让匠人先刻小样，一般都用"乌拉石"。

　　选好碑材后，需"宝砂"（即解玉砂）锯解，就是用高速转动的无齿轮锯去摩擦石材，在接触处不断添入解玉砂和水。解玉砂中含石英石、金刚砂等，硬度高于碑材，切割速度虽慢，但切面光滑、平整。

如何选择碑形

　　学者王文广在《中国古代碑之设计》中，将古碑分为冠帽式、齐肩式、过肩式、收身式、齐座式五种。

　　冠帽式：碑首设计成亭檐楼阁的形式，比较少见，以唐代与清代居多。

　　齐肩式：碑首与碑身基本等齐，在汉碑中比较常见。

　　过肩式：就是碑首大于碑身，一般是更厚。在汉碑中常见。在碑首与碑身的连接处，还会加上"碑肩"。

　　收身式：在碑身与碑座的连接处，略向内收。《清勒保赐谥碑》既是过肩式，也是收身式，它的碑身下沿明显小于碑座。

　　齐座式：碑身与碑座等宽，这也是比较常见的造型。

　　碑形无优劣之分，在于灵活运用，以保持良好的整体感。

　　看碑的视角自下而上，从透视来说，呈下宽上窄的格局，容易

泰山《大观圣作之碑》是齐座式石碑

《清勒保赐谥碑》是过肩式古碑，在碑首与碑身之间有明显的碑肩

给人不稳的感觉，这就要适当调整碑首、碑身、碑座的比例，补救视觉偏差。

比如过肩式的石碑不宜太高，否则看上去摇摇欲坠，但《清勒保赐谥碑》高达 4.5 米，所以碑的制作者特意加一个明显的碑肩，将厚重的碑首置于一个更宽的平面上。但这个碑肩又不能太宽，否则大大超过碑身，又会造成新的不稳定感。雕刻者将碑肩变厚，刻上花纹，巧妙地化解了这一困境。

如何看雕工

　　石碑雕饰的主要部件在碑首、碑侧和碑座上，匠人需熟练使用透雕、圆雕等技法，既合乎程式，又有创造性，关键看神态是否活泼。比如碑座的龟趺，需昂首怒目，否则会有不堪重负之感。

　　此外，正文边栏的装饰花纹、碑肩花纹、底座的装饰花纹最见功力，有龙纹、麒麟纹、兽纹、唐草纹、吉祥纹等，必须依照传统图样制作，非常费工，易被常人忽视，但一块碑是否精致，全看这些细节。

　　决定石碑艺术价值的关键，是文字的雕工。

　　据王文广在《中国古代碑之设计》中总结，古碑中文字主要有五种刻法：

　　双勾露筋刻法：就是从笔画的两边斜切下去，刻成后，横截面呈 V 字形。沿着 V 字形底部，可以看见字的脉络，这被称为"筋"。

这种刻法可以呈现出运笔的过程。

双勾刻凹面刻法：就是从笔画的两边圆切下去，刻成后，横截面呈半椭圆形。优点是笔画的内部磨光后，随着阳光照射角度的变化，会呈现出渐变的阴影效果。

双勾平底刻法：就是从笔画的两边垂直切下去，再将笔画中修平，刻成后，横截面呈长方形，优点是在阳光照射下，字的立体感非常强，有雄壮之美。

双勾阳刻法：前三种都是阴刻，此为阳刻，就是在字的笔画周边挖深槽，使字凸显出来。深槽的横截面必须是梯形，下宽上窄，否则在阳光照射下，阴影可能遮蔽字体。这种刻法非常精美，但费工，且容易损坏。

双勾阴线刻法：沿着笔画的边缘刻出阴线，立体感强，但刻法较简单。

此外，还有直接以单刀的方式在碑上刻，是比较简单、原始的刻碑法，一般用来刻小字，对工匠的技术水平要求比较高。

中轴线上的碑有何不同

前面讲了中国古碑的一些常识，但这些知识和中轴线上的古碑有什么关系呢？这就要从中轴线的作用讲起。

北京城设立中轴线，目的是"礼治天下"

所谓"礼治"，即"亲亲也，尊尊也，长长也，男女有别，此其不可得与民变革者也"，这是中国古代的核心治理法则，它将"治国"与"修身"结合起来，从人性的基本需求出发，建构治理的合法性。

所以，传统建筑都是按"礼治"的原则建造起来的，是无字的教科书。人们行走在其中，会不自觉地接受其熏陶，形成遵守"尊卑有序、上下有别"的自觉。

《康熙南巡图》

从名画《康熙南巡图》中，可以明显看出，前人是如何利用中轴线来讲述"礼治"的。

上图是《康熙南巡图》第一卷局部，呈现了康熙一行出永定门、开始南巡的场景。

永定门在中轴线的最南端，在所有七座外城门中，它是最高的，连台通高二十六米。明代始建，到绘制《康熙南巡图》时，仍未设箭楼。即使如此，从楼下望去，依然显得巍峨、神秘。永定门向南三百米处，还有高大的燕墩。

如果把中轴线设为一个故事，那么从永定门到天桥，沿途都是巍峨高大的建筑，堪称是这个故事的"发生"部分。重点是表达高大、雄壮、严肃，从这里步入京城，一开始便有威压感，唤醒人们的谦卑意识。

《康熙南巡图》（续）

以上两图是《康熙南巡图》第十二卷的局部，表现的是康熙一行从永定门进入京城，正从天桥走向前门。两边都是繁华的商铺，因已清道，店铺均关门，但沿街店铺的后面是繁华的商业区，人们仍熙熙攘攘，各谋生路。

经过"永定门—天桥"的威压感后，"天桥—前门"两边的建筑相对平缓，这可称是中轴线故事的"发展"部分，重点表现多元性，用丰富、亮丽、灵动去感动人。

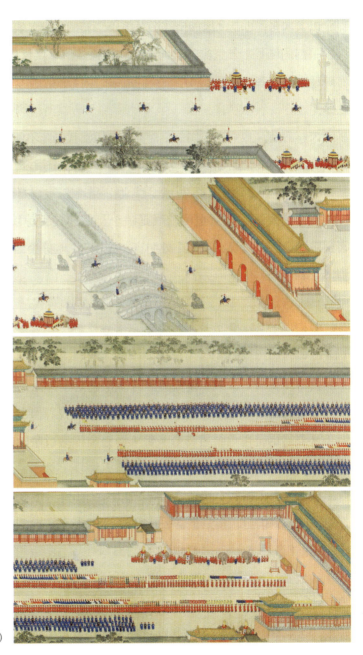

《康熙南巡图》（续）

以上四张，也是《康熙南巡图》第十二卷的局部，表现了从大清门到午门的场景，气氛突然转向庄严、肃穆。随着仪仗越来越华丽、布阵越来越整齐，一步步将中轴线的故事带向最高潮，呈现出强烈的秩序美。

遗憾的是，《康熙南巡图》戛然而止，因清代画师不便刻画宫廷及皇家内院的细节，但事实上，从地安门到鼓楼，中轴线故事还有"结尾"部分，重点表达人文荟萃、积淀深厚，呈现出斯文教化的底蕴。

完全品读下来，行走中轴线是一个从震撼，到惊羡，到庄严，再到陶醉的心理过程，虽无一处明言"礼治"，但每个细节都渗透着"礼治精神"。

古碑是推行"礼治天下"的重要工具

值得注意的是，中轴线上的古碑，完全契合中轴线的叙事节奏。中轴线上的古碑数量不多，刻石之类，更不易找。但在中轴线东西一千米左右的范围内，古碑数量惊人，且与同地段中轴线的宣讲主题十分契合。

从燕墩到天桥，多是巍峨之碑；

从天桥到前门，多是世俗关怀之碑；

从前门到紫禁城，多是庄严之碑；

从地安门到鼓楼，多是人文之碑。

碑是推进道德教化的工具，一般设在寺庙、会馆、大型建筑、学校等人群相对密集的地方，以充分发挥作用。中轴线是通途，沿路设碑可能影响交通，但古人并没忽视它，从中轴线附近古碑数量之多、质量之高来看，应是有意为之。

如果说中轴线是银河，那么，周边古碑就像星辰，二者谁也离不开谁。

这就带来一个疑问：古人为何如此重视碑的作用？

石碑既是宣传，又是承诺

在现代人眼中，石碑就是石碑，没有太多含义。但在古代，人们却不这么看。

以明清之交为例，访碑一度是移民们寄托故国之思、寻求精神安慰的重要方式。顾炎武便是倡导者之一，他"登危峰，探窈壑，扪落石，履荒榛"去找古碑，"其可读者，必手自抄录，得一文为前人所未见者，辄喜而不寐"。

表面看，这是在深度自我陶醉，但事实上，顾炎武是在寻找"精神圣殿"。以访碑为名，遗民们纷纷去明孝陵拜谒，"顾炎武七谒，屈大均三谒"，目的是"以创巨痛深之蕴，诉之九渊，冀后之人有因以喻其心"。

对此，清政府立刻做出回应。

康熙曾五次去南京拜谒明孝陵，并特意模仿贾谊的《过秦论》，御制《过金陵论》，称："承平既久，忽于治安。万历以后，政事渐弛……使有明艰难创造之基业，未三百年而为丘墟。良可悲夫！"意思是，明朝亡于后期腐败，而非亡于清朝。

第三次谒陵时，康熙手书"治隆唐宋"，并下令立《治隆唐宋碑》。表面看，是颂扬明太祖治国方略超过了唐太宗李世民和宋太祖赵匡胤，以此笼络江南士人。事实上，康熙试图表明：明朝后期让上天感到失望，所以上天把天命转交给清朝，自己将延续朱元璋践行过的天道，坚持"礼治天下"。

可见，立碑既是宣传，也是承诺。

清政府对立碑这种承诺方式，是高度重视的。比如明清两代官员离任时，常在任所建"去思碑"，给自己歌功颂德。乾隆在末年时，严令毁弃所有"去思碑"，云南毁了四百七十二座，贵州毁了一千零七十四座，山西毁了九百六十座，四川毁了一千四百六十二座……

如此大规模毁碑，无非是为了保证立碑的严肃性，防止它在道德市场中贬值。

"礼治天下"不是征服天下

对于中国古人强调的"礼治"，后人有较大误会，甚至称它是以中原王朝为中心的"天下 – 朝贡体系"。

"天下 – 朝贡体系"这个概念，是美国汉学家费正清等人最早提出的。费正清具体指出，该体系有六大特点：

其一，"怀柔远人"，对外采取不干涉政策。

其二，靠文化吸引周边国家。

其三，脆弱的"中心—外围"权力结构模式。

其四，经济上"厚往薄来"。

其五，经常采取联盟外交。

其六，中原与朝贡国地位不平等性。

换言之，中原试图将朝贡国视为更低级的存在，通过"软实力"逐渐同化、消灭它们，朝贡的实质是压服对手、吞并对手。

事实是，中国古人从没提出过"天下 – 朝贡体系"这一概念，他们远比费正清等人更有现实精神。加拿大学者王贞平在《多极亚洲中的唐朝》一书中，对中国古人的"礼治天下"观有非常务实的分析。

早在汉代，中原王朝对外部冲击常采取两种态度：一是"明犯强汉者，虽远必诛"，主张彻底消灭对手，但汉朝的资源是有限的，不足以维持单极局面；二是"远方绝域，不牧之民，不足以烦中国也"，建议吸纳异族内附，以夷制夷，结果引发"五胡乱华"，致中原近四百年战乱。

对这两种倾向，班固在《汉书》中提出明确批评，他主张"羁縻"。班固认为，"长期和平"与"长期战争"都是脱离实际的想法，华是华，夷是夷，谁也改变不了谁，双方注定长期共存，只能具体问题具体分析，通过"有限和平"和"有限战争"，维持均势。

唐代大量设置羁縻州，就是在贯彻班固的羁縻思想。至少从这时起，中原王朝便承认对等国家的存在，从未试图将其纳入"天下"。

表面看，朝贡是不对等关系，但吐蕃君主去世时，唐朝皇帝曾几度辍朝哀悼。唐朝建立之初，长期向突厥称臣，此后也多次承认对等国。周边国家通过学习唐朝文化、引进唐朝制度，提高了国家实力，但百济、朝鲜、渤海国、南诏国等并没因此成为唐朝的一部分，唐朝既不太相信"软实力"的作用，也没主动推动"软实力"的扩张。

可见，"天下－朝贡体系"是一个虚构出来的概念，与中国历代王朝的具体实践完全不符。理解这一点的意义在于："礼治天下"源自文化习惯，而非精明的算计，它与现代人所倡导的"法治"不同，不能用今天的思维去逆推古人想法，从而对"礼治"产生误读。

"礼治"的目标是唤醒同理心。

正如亚当·斯密在《道德情操论》中所说："不管某人如何自私，这个人总是存在着怜悯或同情的本性。他看到别人幸福时，哪怕他自己实际上一无所得，也会感到高兴。这种本性使他关心别人的命运，把别人的幸福看成是自己的事情。"

同理心是"礼治"的基础，可以说，中轴线上所有古碑，都是为唤醒同理心而设。

第二辑

发生：从燕墩到天桥

有轨电车　方砚绘

偏离了中轴线，却被乾隆看重

沙路迢迢古迹存，

石幢卓立号燕墩。

大都旧事谁能说，

正对当年丽正门。

在清代诗人李静山的《增补都市杂咏》中，收录了他描写北京城"五镇"的诗，这一首写的是燕墩。

老北京"五镇"为何变"四镇"

诗中的"丽正门"，典出《易经》的"日月丽于天"，意为"光明正大之门"。元大都皇城正门即称丽正门（明代改称正阳门，俗称前门，但位置和元代不同）。

燕墩不在今天的中轴线上，而是向西偏移了 300 米（元大都中轴线究竟在哪，甚至是否存在，至今仍有争议，此处取大多数学者认同的观点）。

诗人在诗中特意说明：当年燕墩是正对着丽正门，只是明代改建时，整个中轴线向东移动了 300 米，燕墩所以被甩在了西边。

燕墩是老北京"五镇"之一。所谓"五镇"，是根据道家金、木、水、火、土的理论，在京城 5 个方位设置了 5 个镇物：

"南镇"即燕墩，南属火，又称"火镇"。

"东镇"是神木。

"西镇"是觉生寺（今大钟寺）永乐大钟。

"北镇"是昆明湖。

"中镇"是景山。

"五镇"中，"东镇"神木已失。神木可能是两根，其一是金丝楠木，长 7 丈余（1 丈约为 3.3 米），直径 6.7 尺（1 尺约为 3.3 分米）；另一是樟木，俗称"樟扁头"，长 4 丈余（也有说法称长 60 多尺），腰围 2 丈多。两根神木合称"东方甲乙木"，是明永乐年间营建紫禁城时，从南方运来的巨木。清乾隆曾赋诗赞颂过它们。

清代不设"东镇"，因八旗兴起于辽东，且紫气东来，不宜设镇物阻挡。随时间推移，两根神木亦渐朽蚀，20 世纪 60 年代尚有部分留存，后被制成桌面，据说碎片尚存。

花了近一万两白银

燕墩始建于元代，初期只是一座梯形土台。明嘉靖三十二年（1553），北京外城建成后，在它外面包了砖。清乾隆时，重新包砖，并在上面竖立了《御制燕墩石碑》。

不少文章称，《御制燕墩石碑》竖立于清乾隆十八年（1753），因碑文结尾处标明"乾隆十有八年岁次癸酉孟夏月御笔"，但这只是石碑文的撰写时间，并非竖碑时间。

学者杨乃济先生发现，在乾隆二十一年（1756）正月二十六日内务府奏案中，有《奏为永定门包砌土台用过银两数目事》，虽然没提"燕墩"二字，但有"建立青白石幢一座，通高二丈三尺三寸"等语，显然是指《御制燕墩石碑》（该石碑今测通高为8米左右，清代木工尺是35厘米，甚至有35.3厘米的，以35厘米算，通高为8.155米，与实测结果近似）。

根据内务府常例，工程完成后，次年销算，故《御制燕墩石碑》应建于乾隆二十年（1755），加上燕墩土台包砖等，总共花了"银九千九百九十六两七分二厘"。

《御制燕墩石碑》重达40多吨，要放到9米高的燕墩上，以当时的工程条件，难度巨大。清代北京周边类似的土台很多，比如"燕京八景"之一的金台、南海子内的晾鹰台、采育东南20里的聚燕台等，相比之下，燕墩似乎并不突出。花这么多钱竖一块石碑，是否值得？

燕墩上的《御制燕墩石碑》

清朝成功经验都写在碑上

乾隆看上燕墩，可能与清朝入关起，民间便广泛流传的"自古胡人无百年之运"的俗语有关。

此说始于朱元璋命宋濂起草的《谕中原檄》，其中称："古人云，胡虏无百年之运。"此言不准确，辽国享国祚二百一十年，金国也有一百二十年。即使是元朝，算上西遁后的历史，也超过百年。之所以这么说，因朱元璋公开反元属"以下犯上"，不符合传统价值观。所以刻意强调元朝是"胡虏"，天命不允许它超过百年，反叛它是"顺天命"。

清朝入关后，中原士人屡战屡败，也不得不用这句话来自我安慰。清朝统治者对此颇感烦恼，却又不知该如何驳斥。

到乾隆二十年（1755）竖立《御制燕墩石碑》时，清朝入关已一百一十一年，突破了"无百年之运"的魔咒。燕墩作为元大都中轴线起始点，又是"南镇"，自然引起乾隆的格外垂青。在燕墩上竖碑，有公开宣示"清胜于元"的意味。

在《御制燕墩石碑》上，乾隆用满汉双语撰写了《帝都篇》和《皇都篇》。仔细揣摩

《御制燕墩石碑》的碑文拓片

两文，含义深刻。

在《帝都篇》中，乾隆表示，"天下宜帝都者四"，即丰镐（西安）、洛邑（洛阳）、建康（南京）和燕京（北京），从山河险要看，北京最佳。但乾隆也提出"在德不在险"，认为清朝不专守都城，而是能以德治国，所以取得成功。在文章末尾，特意写道："金汤百二要在德，兢兢永勖其钦承"，对后世子孙提出要求。

在《皇都篇》中，则强调了自清朝入关以来，北京富庶兴盛，但"富乎盛矣日中央，是予所惧心彷徨"，表达了"居安思危"的主题。

显然，《御制燕墩石碑》是乾隆对清朝既往成功经验的总结。

乾隆竟然写了错别字和病句

乾隆对自己在《御制燕墩石碑》上写的诗文很满意，三十多年后，另刻成《〈帝都篇〉和〈皇都篇〉碑》，安置在重新修整好的天桥边，其目的可能是让更多人看到，以千古流传。

乾隆对自己的诗文、书法很自信，经常付诸金石。据不完全统计，乾隆撰写各类石刻拓片多达四百三十二种，仅在北京一地，便有二百二十八种，使用了满、蒙、汉、藏四种文字。有的安置在皇家内院、仪式性建筑、政府办公机构等封闭场所，有的则安置在公共场所。《御制燕墩石碑》属于前者，而克隆出来的《〈帝都篇〉和〈皇都篇〉碑》则属于后者。

学者张杰、范立君仔细对比了《御制燕墩石碑》上满、汉文字的异同，发现满文中竟有不规范字、文法错误等。

乾隆强调"国语骑射"。"国语"即清语或满文，"骑射"是骑马射箭。清帝认为"国语骑射"是八旗的根本。清乾隆二十六年（1761），他曾对理藩院提出要求："留心试看，于清话好者即加鼓励，生疏者即予以训饬。"乾隆二十九年（1764），规定承袭王公爵位时，不分嫡庶，一概以长于国语骑射者承袭。没想到乾隆自己写满语文章，居然也有错漏，这么多人围观，竟无人敢指出来。

竖碑后，燕墩的影响力倍增，被列入"燕京小八景"。《〈帝都篇〉和〈皇都篇〉碑》就没这好运气了，几次被挪动，还被埋入地下三十多年。出土后，因其正文用楷体，在乾隆书碑中少见，又曾被拓印，当成字帖。该碑后被安置在首都博物馆前广场东北角，被视为"镇馆之宝"，加装了有机玻璃保护罩。如今竖立在天桥边的《〈帝都篇〉和〈皇都篇〉碑》是仿制品。

《御制燕墩石碑》《〈帝都篇〉和〈皇都篇〉碑》均采取经幢造型，雕饰精美，碑上字体尤其挺拔大方。中轴线故事一开篇，便如此精彩。

这两通石幢，竟是北京历史的水准点

"它们不仅是古老的很有价值的文物，也是测定金中都城址的重要坐标，是北京历史上一处重要的水准点，应很好地加以保护。"1964年，郭沫若先生来到陶然亭，研究了遗留在这里的两通经幢（分别建于辽代和金代），得出这番结论。

经幢是一种特殊的石碑式建筑，呈六边形或八边形，而八边形尤多，俗称"八棱碑"。

清末著名金石学者叶昌炽认为："经幢萌芽于唐初开天之际（即开元、天宝年间，713—755）……辽金元幢，有多至十余种者，其体例愈杂，其书亦愈下。"

据《中国古塔通览·北京卷（综合篇）》所载，北京地区目前发现的古代经幢约三十通，最早或为房山云居寺千佛幢，可能是隋代的，而辽金的最多，约二十四通，占到百分之八十。在中轴路附近，

广化寺经幢

共有六通经幢，分别是法源寺三通、陶然亭两通、广化寺一通。

引人好奇：古人为何如此重视经幢，这种极富艺术魅力的石碑品种，为何自辽金后开始衰落？

一次"饭僧"，来了三十六万人

与石碑一样，经幢也分幢顶、幢身和幢座三部分，初期是在石缝中灌铁水连接（与初期制普通佛塔的工艺相同），有时会在幢身上施以彩绘，乃至贴金。

学者刘淑芬认为，经幢可能是缩小的佛塔，一些逝者认为自己生前的功德不足以竖塔，所以只建经幢。但事实上，有些经幢比佛塔还高。在唐代，经幢常垮塌，只好"屡建"。

经幢普及，可能与密宗信仰有关。唐代时，高僧善无畏（673—735）、金刚智（669—741）来华，以后经一行（683—727）、不空（705—774）等阐述，形成密宗，进而传向日本。

唐末到辽金时期，战乱不断，民众崇信佛教。比如在辽大康四年（1078）六月，曾有一次全国性的"饭僧"活动（意思是出于积德的目的，向出家人施饭），结果"诸路奏饭僧尼三十六万"（诸路，犹如今言各省）。

契丹在开国前，上京地区（在今内蒙古巴林左旗林东镇南）已是寺院林立，以至"别作一城，以实汉人，名曰汉城。城中有佛寺三，僧尼千人"。可见信众之多，其中很多人信仰密宗。

辽占领北京后，开始大量建经幢。

一般认为，经幢分四种：

其一，普通经幢。建在佛教寺院内，或大路边，为众生祈福。

其二，墓幢。置于逝者坟旁，用来超度亡灵、寄托哀思。在辽代，有的僧人去世后，既建塔，也建经幢。

其三，纪事经幢。主要是记录重大活动，用来存史，功能近似普通的纪念碑。

其四，灯幢或香幢。主要是用来放置油灯、香炉，是一种艺术化的经幢。

影子和灰尘也有大用

陶然亭的两通经幢中，辽代建的是墓幢，用来悼念一位僧人，俗名魏赈，今通州东南潞县镇人，曾在辽道宗耶律洪基（1032—1101）时进宫讲法，被封为"慈智大德师"，并赐紫衣。

经九百多年风雨侵蚀，幢身字迹已无法辨识，好在被《日下旧闻考》记录了下来。从刻文可知，魏赈生前很用功，"手不释卷，四十余年，凡十二时，未尝阙一"。弥留之际，"暴风疾起，昼如暗夜，对面莫睹"，可魏赈一去世，"倏然乃止"。

在幢额上，刻有"故慈智大德佛顶尊胜大愿陀罗尼幢"等大字，至今清晰可辨。和大多数经幢一样，这座墓幢刻的也是《佛顶尊胜陀罗尼经》。魏赈是辽寿昌四年（1098）去世的，第二年下葬并建墓幢。

至于陶然亭中的另一通经幢，则建于金代，虽然矮小，但形制精美。根据落款，可知建于金太宗完颜晟天会九年（1131）。幢身上

金代经幢

刻了四段经文，分别出自《观音菩萨甘露陀罗尼经》《净法界陀罗尼经》《智炬如来心破地狱陀罗尼经》。

所谓"陀罗尼"，可以通俗化地理解为长咒。

建陶然亭这两通经幢时期，正是北方密宗发展的最高峰：一是辽金君主提倡显密二教兼修，力主用华严宗的圆融思想会通密宗；二是道厫（音如晨）完成《显密圆通成佛心要集》，实现了密宗的汉化改造，使其更容易被普通民众接受。道厫是辽代华严教学的代表人物，曾任国师，主张显密圆融。

在当时，出现了"夫佛固万法之言，唯陀罗尼最尊最胜"的局面。

中唐之后，"地狱十王"信仰开始在民间广为流传，密宗可以用咒语"破地狱"，且提出"尘沾影覆"说，即经幢上刻有咒语，只要与它的影子接触，甚至只要经幢上的灰尘落到普通人身上，都可以洗刷恶业，给来生带来幸福。

为确定金中都东墙做出贡献

学者孙孟先生指出："辽代则为北京地区经幢发展的鼎盛时期，数量众多，分布广泛，高山之上，通衢之处，寺庙之内，佛塔之中，墓冢之侧，均有建造。"在墓地，更是经幢林立。老人去世后，子女往往认为"苟未能为幢于坟，是为不孝也"。不仅在坟前立经幢，有的干脆采用石棺，上刻经幢中的文字，成为"棺幢合一"。

立经幢是为了信仰，但经幢中保留了大量社会史、风俗史、美术史的信息。

在陶然亭的辽代经幢上，刻有"葬于京东先师茔侧"等字样，这段记载在清朝便引起学者们的注意，认为它为确认辽金时北京城地理格局提供了坐标。在朱一新著的《京师坊巷志稿》中有："石幢称兹地为京东，证以长生观之在丰宜观……旧城东南遗址约略可知矣。"

民国时绘制《金中都城图》时，便参照了这一意见，指出陶然亭在辽金时期属城东外关厢地带，被东墙一分为二。考古工作者沿着这条线，发现了许多金中都遗迹，所以郭沫若才会给两通石幢那么高的评价。

相信随着对花纹、用材、刻工、字体等细节研究的深入，从这两通石幢中，人们将获得更多的历史信息。

陶然亭的亭跑哪儿去了

民国时期著名作家张恨水在提到陶然亭时，曾说："陶然亭好大一个名声，它就跟武昌黄鹤楼、济南的趵突泉一样。来过北京的人回家后，家里一定会问：'你到过陶然亭吗？'因之在三十五年前，我到北京的第一件事，就是去逛陶然亭。"

北京的陶然亭与安徽滁州的醉翁亭、浙江杭州的湖心亭、湖南长沙的爱晚亭齐名，并列为"四大名亭"（也有说法将浙江绍兴的兰亭列入，替代浙江杭州的湖心亭）。

去过陶然亭的人知道，那里亭子虽多，却没有一个亭子叫陶然亭。用张恨水的话说，是"所谓陶然亭，并不是一个亭，是一个土丘，丘上盖了一所庙宇"。

张恨水的说法既对，又不太对。

名臣带红了陶然亭

张恨水所说的"丘上盖了一所庙宇"，指的是元代始建的慈悲庵（又称观音庵），占地近5亩（1亩约为667平方米）。前文提到的两通辽金经幢，也曾被收入庵内。到清代康熙时，慈悲庵已荒凉破败。

清康熙三十三年（1694），原在福建龙岩县当县令的江藻被调入北京，任工部员外郎，负责解散黑窑厂。黑窑厂在今陶然亭一带，本是明代工部五大厂之一，负责生产砖瓦，因用量减少，皇家决定将其转商，"均交窑户备办"。

江藻是汉阳（今湖北武汉）人，曾在福建龙岩任知县，因修城墙、文庙、书院而获誉。见此地风景不错，便重修慈悲庵，在后院的西边建了陶然亭（借用唐代诗人白居易的"更待菊黄家酝熟，与君一醉一陶然"来命名）。

不知为什么，陶然亭建后十年，江藻又将它改成三间敞轩。

亭即"停"，按古制，十里必有亭，建在路边，供行人休息、避雨，是开放式结构，没有围墙，只有立柱和顶部，多为八边形、圆形。轩则多呈长方形，两面或三面无墙，方便人们休息、聚会。

陶然亭离内城近，周边多会所，且景色似江南，很快便成为赴京举子们的聚集之所。清康熙四十七年（1708），诗坛领袖查慎行曾写下《初游城南陶然亭》一诗，称："谁怜一派萧萧意，我是江湖未泊舟。"

两年后，查慎行又与五十二名同科进士在陶然亭宴集，此时他已年近六十岁，年底便辞官返乡了，走之前，还写了一首诗，表示要"此来直与孤亭别，贪得凭栏一晌闲"。

陶然亭公园风雨同舟亭

此后，名臣翁方纲、杭世骏、洪亮吉、龚自珍、林则徐、魏源等都曾来雅集，陶然亭成了清流的据点。

这里曾是另一个意见中心

清流对清代中后期政治产生过重要影响。

东汉末年，太学生郭泰、贾彪与大臣陈蕃等相互扶持，批评时局，与宦官集团抗争，虽遭"党锢之祸"残害，却被后代儒家中下级官员视为榜样，称为清流。到明代，清流与浊流对称。清流指手无实权却充满道德感的官员，经常公开发表意见；而浊流则多是负责实际工作的官员，主张向现实妥协，认为清流的书生意气太重，缺乏实际操作经验。

清代初期，统治者对清浊分流极为警惕，既严防浊流专权，亦严惩讪君卖直、夸张言事的清流。但到中后期，随着八旗子弟日趋堕落，出现了朝无干才的窘境。自黄爵滋始，到张之洞，清流的影响力不断提升。

黄爵滋是最早主张严禁鸦片的名臣，他多次到陶然亭雅集，林则徐早期对鸦片尚持"弛禁"的态度，正是在黄爵滋影响下，成为"严禁派"的中坚。

再如张之洞，他曾发起龙树寺觞咏大会。龙树寺也在今陶然亭公园内，本名兴诚寺，据说唐朝始建，因寺旁有龙爪槐，俗称为龙树寺。原树已死，到嘉庆时补种，后来又死了，张之洞便又补种了两棵。张之洞非常喜欢寺中的蒹葭簃。蒹葭簃是龙树寺内的著名建筑，以清幽著称。簃一般指楼阁旁边的小屋，常用作书斋名。

清同治十年（1871）五月，张之洞召多位朝官、名人来此雅集。当时清政府已风雨飘摇，官员们不敢谈正事，只好沉溺在诗文中，张之洞打着以诗文会友的名义，暗中布局。参与人物之多，轰动一时，重臣翁同龢、潘祖荫皆在其中，被视为晚清史上的大事。

明代忠臣杨继盛弹劾魏忠贤失败后被杀，尸体曾停放在龙树寺中，使这里有了强烈的象征意义。张之洞曾说："此地曾来一百回。"他晚年入军机处，仍定期到龙树寺休息。

民国后，遗老们仍常到龙爪槐下聚会，只是寺渐被民居所侵，原建筑大多改易。

历史辉煌，古碑尚待展示

风景的主体是人，陶然亭能有"好大一个名声"，因为这里曾名人荟萃。自清代后期起，它深刻影响了历史走向。据统计，陶然亭仍存有四五十种古碑、刻石，目前展出的只是少数。

《重修黑窑厂观音庵碑》：清代康熙时立，作者是名臣田种玉，20世纪60年代被毁，幸有拓片，保存在北京图书馆，但除了首句"观音庵内，普门大寺香火院也，创于元，沿于明，重兴于……"之外，剩下的难以辨认。陶然亭的观音庵也称慈悲庵、慈悲院。

《陶然吟·引并跋》石刻：在陶然亭南壁上，由江藻亲笔书写，文章则出自其兄江蘩之手。江蘩的诗文水准颇高，曾被赞为"诗如初唐体，文学欧阳永叔（即欧阳修）"。

垂聲
罔極

陶然亭公园《重修黑窑厂慈悲院碑记》

《陶然亭碑》：此碑立于
1930年，只有"陶然亭"三
个魏碑大字，力道遒劲，出自
民国书法家袁俊之手。关于袁
俊的记录甚少，只知他与名画
家贺良朴关系密切，二人是湖
北蒲圻同乡。袁俊自号鹤迹居
士，曾出版《千字文集古》。这
是民国时期著名的字帖，封面
由黎元洪题签。在拍卖会上，
常能看到袁俊的作品，他的书
法功底深厚，但很粗心，竟把
"盘古以前当有天"写成"有
当天"。

陶然亭碑刻

《陶然亭碑》本是清雍正十年（1732）竖的《梨园馆碑》，这是
最早记录伶人社团活动的古碑，背面尚有"义冢，朋友以义合者也"
字样。"义冢"是伶人集资，给逝后无钱下葬的同行建的公益墓地，
没想到袁俊竟把人家的碑拿走，磨平重刻了。好在张江裁的《北京
梨园金石文字录》中，抄录了《梨园馆碑》的文字内容。

赛金花的"四绝"碑何处寻

"北平各界人士,拟将她(指赛金花)葬在陶然亭香冢之旁,以待后世的凭吊,还拟仿照西湖苏小小六角亭建一纪念碑,由章太炎生前主办之南京国学院院长金松岑撰文,由杨云史书,齐白石篆刻,再加上她的香艳历史,可称四绝了。"1936年,《秦风周报》以《一代名花今已矣,赛金花的生平》(作者:让之)为题,报道了赛金花去世的消息,并称将为她立"四绝"墓碑。

在"四绝"中,三人属社会名流:

金松岑(1874—1947),原名懋基,又名天翮、天羽,是中国近代女权启蒙之父,20世纪30年代,他与章太炎、钱基博(钱锺书的父亲)、唐文治并称"国学四大师"。

杨云史(1875—1941),原名朝庆,改鉴莹,又改圻,以字行,是晚清名臣杨崇伊的儿子,还是李鸿章的孙婿。进入民国后,曾任吴佩孚的幕僚。

齐白石（1864—1957），丹青大师，篆刻亦工，此时他已成名。

如此有分量的三个人，为何会与赛金花凑"四绝"？

2010年，作家洪烛去陶然亭踏访，未能找到"四绝"碑，"发现这位著名的交际花的荒冢早已被夷为平地，原址已没有任何标志……所以陶然亭虽确有赛金花之墓，但已名存实亡"。

其实，只需稍走几步，便会发现：赛金花墓碑在陶然亭慈悲庵准提殿内，但并非"四绝"。那么，"四绝"说从何而来？为什么要把墓碑移到这里？

赛金花故意不辟谣

赛金花是晚清时的一名妓女，姓名如何，在哪里出生，何时出生，均是谜。

清光绪十三年（1887），赛金花嫁给洪钧当三姨太。洪钧时年已四十九岁，正在丁忧（古代官员父母去世时，必须辞官回到祖籍，为父母守制，一般为二十七个月）。他是同治三年（1864）的状元，结束丁忧后，被任命为驻德、俄、意、

赛金花

065

奥公使，因正妻王氏不愿出洋，赛金花陪他到柏林赴任。

光绪十六年（1890），洪钧回国，光绪十八年（1892）病逝于北京。

洪钧死后，赛金花再度下海为妓。光绪二十四年（1898），赛金花与人合伙在天津开了"金花班"，当二老板，人称"赛二爷"。

光绪二十六年（1900），八国联军攻入天津，赛金花逃到北京。没多久，八国联军入城，到处烧杀抢掠。赛金花晚年称，她在国外时便认识瓦德西，在她劝告下，八国联军整饬军纪，"瓦德西到底是一员深明大义的大将，对于我的话竟然赞许"，因此救了"一万多人"。

事实上，八国联军进北京时，瓦德西还在欧洲，两个月后才到北京。

曾给德军当翻译的齐如山撰文说，赛金花只会几句"下等德句"，"赛之德语稀松的很，有些事情往往求我帮忙，实因她不及我，但我的德语，也就仅能对付弄懂而已"。

齐如山与赛金花在德国军营两次邂逅瓦德西，瓦德西径直而去，赛金花连大气都不敢出。

因赛金花曾去欧洲，又常出入德国军营，"瓦德西与赛金花有染""赛二爷救了北京城"等流言开始在民间流传。其实，赛金花去德营，只是为了兜售食物（卖土豆给德军充军粮，因土豆被冻伤，遭拒），赚点小钱而已。

赛金花知道这些传说，却故意不予澄清。

危局之下，大家都上了当

清光绪二十九年（1903），赛金花因虐待幼妓致死入狱，一度被"解送原籍"，去了上海，后来又有过两次婚姻。晚年回京，生活拮据。1932年，因拖欠房捐几百元，巡官唐仲元上门追缴，才知她是当年大名鼎鼎的赛金花，经《实报》主笔管翼贤公开报道，在社会上掀起新一轮"赛金花热"。

据汤炳正先生回忆："'九一八'后北京命运，不是眼看要历史重演吗？因而，当年在八国联军时曾做了几件同情人民之事的赛金花，虽已多年蜗居北京，渺无声息，现在却突然被人们所注意。"

《实报》还拉著名学者张竞生给赛金花写了一封信，说："我常喜欢把你与慈禧并提，可是你却比她高得多呢……华北又告警了，你尚能奋斗吗？"张竞生还赠给赛金花二十五元钱。

赛金花是何等聪明之人！她顺坡下驴，到处编故事，还四处题赠她的"墨宝"——"国家是人人的国家，救国是人人的本分"，靠骗捐款生活。但赛金花生活奢靡，拿到钱，很快又花光了。

赛金花晚年信佛，希望死后葬在万安公墓。万安公墓创办于1930年，在今海淀区香山南路万安里，是北京最早的现代公墓。

可赛金花是"大名人"，她去世后不久，《星华》杂志便质疑道："照她的一生，能够来上一座坟墓，像杭州苏小小墓、冯小青墓般，留在名胜之区点缀点缀，那也是应该有的。一向我很知道，中国是有不少风流名士，爱干此等勾当，偏偏地这次对于赛金花的死，却竟漠无所闻。"

其实，"风流名士"没闲着，张次溪便表现得尤其积极。

"四绝"碑只是一厢情愿

张次溪本名涵锐、仲锐，以字行，是 20 世纪 30 年代至 40 年代京城文化圈的"网红"。

张次溪的父亲张伯桢是广东东莞人，康有为的弟子，中国首批留日生，后在政府部门工作。1928 年，北洋政府倒台后，张伯桢转向著述。张家较富，住宣南烂缦胡同的东莞会馆，又在左安门内明大督师袁崇焕故居建了别业，人称张园，与陈师曾、齐白石、齐如山、梅兰芳等往来甚殷，是当时北平又一文化重镇。

张次溪对京城文化典故颇熟悉，著有《燕京访古录》《清代燕都梨园史料·正续编》《天桥丛谈》等。他喜欢出入风月场所，齐如山曾不点名地批评说"尤其是广东人最爱这一手，他们又多有钱"。

对赛金花后事，张次溪最热心，据学者潘静如先生钩沉，原计划刻的墓碑，远比"四绝"要多，包括：

齐白石书"赛金花之墓"五字。

金松岑撰碑文。

杨云史作诗碣和书碑。

潘毓桂作墓表。

吴佩孚撰碑文。

赵元礼赠诗镌碑。

李月庭镌石。

实际上"七绝"都不止。但这似乎是张次溪"剃头挑子——一头儿热"，金松岑表示："赛（金花）年来自述，多不足凭"，"我文自当留身份，不能作谀墓语"。

杨云史虽然写了诗碣，但诗后附了长篇评论，说："向壁造为异说之耸听……（我）父子居文中邸，侍左右，宁有不知耶？"意思是，赛金花的传说也太过头儿了，我爹和我一直在政府工作，咋就不知道这些事迹呢？等于揭了老底。

倒是齐白石比较热心，为赛金花书写了墓碑，还赠一画为奠资。齐白石曾多次给张次溪写信，希望死后葬在赛金花墓旁，后未能如愿。

凑热闹，凑成遗臭万年

看来，"四绝"碑并未完成，但齐白石已写了墓碑，为何不用呢？因为被潘毓桂"截了和"。

虽然张次溪表态要"自己掏钱"立碑，但从操作看，主要是通过媒体造声势，争取社会捐助。比如石料、墓地、停厝（当时人下葬前，需把棺材先停放在寺庙中，待找到墓地再下葬，这被称为停厝。厝，音如错，停厝的费用非常高）都靠捐助，甚至让李月庭镌石，也是免费的。

赛金花是"大名人"，墓地可能成为胜地，捐葬能让自己的名声不朽。可当时北京局势动荡，日军正阴谋发动"卢沟桥事变"，富人纷纷南下，留下的也没心情再做这件事。

潘毓桂却是个例外，他早早写完墓表，立即找人镌刻，赶在"卢沟桥事变"前后，便已将碑竖了起来（吴炳麟书碑，喻长霖撰额）。他这么着急，因他当时在宋哲元幕中，已被视为汉奸，所以想用立碑给自己涂脂抹粉。

潘毓桂写的墓表被时人称为"其臭不可向迩（迩即近，向迩，犹言靠近）"。文中竟然称赛金花和王昭君一样，牺牲自己，保护了民众，当时有人批评她们，但随着时间推移，自有公论。

可就在竖碑的同时，潘毓桂暗中向日寇多次出卖国军作战计划，导致南苑失守，佟麟阁、赵登禹两位将军牺牲。

潘毓桂立碑后，社会名流董士恩便把樊樊山（即樊增祥，同光派代表诗人，时称樊美人）的《前彩云曲》（樊樊山手书）、《后彩云曲》（张伯英手书），以及张大千的《彩云图》刻石，一起立在陶然亭内。

至迟在 1946 年前，赛金花的墓已被铲平。但赛金花当年编造的谣言，仍被一些人传播着。好在碑刻仍存，提醒着有心人深入研究，更好地了解过去。

《香冢碑》《鹦鹉冢碑》，谁开的历史玩笑

"浩浩愁，茫茫劫。短歌终，明月缺。郁郁佳城，中有碧血。碧亦有时尽，血亦有时灭，一缕烟痕无断绝。是耶非耶？化为蝴蝶。"这首词出自陶然亭《香冢碑》，因金庸在《书剑恩仇录》中曾引用，令其名闻遐迩。

香冢在陶然亭东北高地的锦秋墩南坡上，坟头甚小，有一小碑，无款，亦无年代。正文篆书"香冢"二字，碑阴便是前文提到的那首文采不错的小词，词中有"化为蝴蝶"句，所以又称蝴蝶冢。

《香冢碑》拓片

据民初天嘏所著《满清外史》，称："都城南下洼陶然亭东北，有一冢，或谓即香妃葬处，故以香冢称焉。孤坟三尺，杂花绕之。"

《满清外史》颇有史料价值，亦有不少妄言。指香冢为香妃墓，此说在民间颇有影响。

"香娘娘"可能是另一个人

香妃故事在《清史稿》中无载。一般认为，应指乾隆的妃子容妃。

容妃属霍卓氏，本名买木热·艾孜姆，一般称为伊帕尔汗，维吾尔族人。清乾隆二十五年（1760）前后，清军平定大小和卓叛乱，特下诏赐爵八位功臣，在北京给他们安排了住处，即"八爵进京"，其中五人属伊帕尔汗家族。为加强与清廷联系，家族决定送伊帕尔汗入宫。

伊帕尔汗入宫后，深得乾隆欢心。乾隆特在紫禁城西苑门南墙外设立了清真寺，这是清代唯一的皇家清真寺，正门直对宝月楼。宝月楼也是专为香妃所建，即今中南海正门——新华门。

明明是容妃，为何民间却称香妃呢？一说她从小有体香，被称为"香姑娘"，一说伊帕尔汗的本义就是"香"。

至迟在清光绪十八年（1892），萧雄写过一首题为《香娘娘庙》的诗，可证此时已有香妃的说法。这个庙在"喀什噶尔（今属新疆喀什市所辖）回城北四五里许"。诗曰：

庙貌巍峨水绕廊，

纷纷女伴谒香娘。

抒诚泣捧金蟾锁，

密祷心中愿未偿。

萧雄有所误会，维吾尔族女性到宗教场所哭诉，是一种祈祷方式，即麻扎崇拜（麻扎是贤者的意思）。从当地传说看，"香娘娘"和容妃可能并非一人。

香妃并非死于皇太后之手

民间传说常依据史实进行"再加工"，所依据的史实也未必是一条。遗憾的是，传说有时又会反过来被误认为是正史，引发淆乱。

1914年，从承德运回北京一张清代女装妃子油画像，时任内务部长的朱启钤先生随口说了一句："这大概是香妃像吧。"结果在武英殿展出时，标为《香妃戎装像》。其实，该像所画可能是乾隆最疼爱的女儿十格格（即固伦和孝公主），后嫁给和珅的儿子丰绅殷德。

武英殿在展出《香妃戎装像》时，根据民间传说，加上了这样的说明：

香妃者，回部王妃也，美姿色，生而体有异香，不假熏沐，国人号之曰香妃。或有称其美于中土者，清高宗闻之。两师之役，嘱将军兆惠一穷其异。回疆既平，兆惠果生得香妃，致之京师。帝命于西内建宝月楼（即今之新华门）居之。楼外建回营，毳幕韦鞴，具如西域式。武英殿浴德堂浴室穹隆顶，又武英殿西之浴德堂，仿土耳其式建筑，相传亦为香妃沐浴之所。盖帝欲借种种以取悦其意，而稍杀其思乡之念也。讵妃虽被殊眷，终不释然，尝出白刃袖中，示人曰："国破家亡，死志久决，然决不肯效儿女汶汶徒死，必得一当以报故主。"闻者大惊。但帝虽知其不可辱而卒不忍舍也。如是者数年。皇太后微有所闻，屡戒帝弗往，不听。会帝宿斋宫，急召妃入，赐缢死。

事实上，乾隆生母比容妃早去世十一年，容妃应死于疾病。金庸在写《书剑恩仇录》时，注意到了这个问题，所以没让香香公主（应该是暗指香妃）死在皇太后之手。

《香冢碑》也寄托着人类美好情感

如果香妃就是容妃，无论如何也不可能葬在陶然亭，容妃的确切葬地在河北遵化清东陵的裕妃园寝，但民间传说努力将它加工成一个哀艳的故事。在"先有目标，再寻证据"的思路下，陶然亭的无主香冢被编入"证据链"。

香冢可能在清代初期已有，到咸丰时，被传说为香妃墓，但《香冢碑》的历史却比较晚。

著名散文家张中行先生考证，在晚清李慈铭的《越缦堂日记》中，两次提到香冢，称香冢原地本有一亭，名袭光，后是花神祠，

《鹦鹉冢碑》拓片

立碑者是张盛藻，时任御史，"风流自命，尝作香冢于陶然亭后，近以养亲将归"。碑立给一名叫蒨云的女子，蒨云可能是妓女或妾，社会地位不高，所以没有留款。

张盛藻是湖北枝江人，曾上书反对设立同文馆，反对洋务运动，认为"文儒近臣，不当崇尚技能，师法夷裔"。张盛藻一生未受重用，擅长写诗。如此迂腐，却又如此有才情，香冢碑折射出从传统到现代的转折中人性的复杂。

离香冢不远，另有鹦鹉冢，碑文字体与香冢相仿，也没有款识。一般认为，亦是张盛藻所立，铭为"文兮祸所伏，慧兮祸所生。呜呼！作赋伤正平"，从文辞看，是葬文稿处。称"鹦鹉冢"，因唐朝杨玉环曾宠爱一只白鹦鹉，死后葬入鹦鹉冢。杨玉环下场悲惨，鹦鹉冢遂有爱物已失、浮生若寄之意。

1952年，为扩大湖面，有关部门组织专家对香冢、鹦鹉冢进行了调查。"虽深挖丈余，竟无一物所得。"专家们认为，香冢可能也是古代落魄举子埋葬文稿处。

虽然是历史玩笑，但《香冢碑》《鹦鹉冢碑》在民间影响极大，在它们身上，寄托了一代代人的美好愿望，可惜两碑毁于20世纪60年代，拓片仍存。

铁保的这块小碑，藏着大讲究

古代中国作为"以农为本"的大国，历来重视农桑之事。每年春天，皇帝都要祭祀"先农"，不仅要行祭祀大礼，还要"亲耕"，这种传统最早可追溯到周朝。

北京先农坛本是明永乐年间（1403—1424）的山川坛，后成为明清两代皇帝祭祀神农、太岁（又称太岁星君，道教的值年神灵，共六十位，轮流当值）、春夏秋冬等自然神的地方，是皇家重地。

令人惊讶的是，学者邱崇禄先生近日在先农坛具服殿东墙上，发现了清代著名诗人铁保亲笔书写的一通石碑（严格来说，它属刻石，但考虑到古人也经常不做具体区分，以下皆称碑；此前有爱好者提到过它，但邱先生最早将此碑写入文章）。铁保是清代四大书家之一（另三人为成亲王永瑆、刘墉、翁方纲。一说无铁保，易以梁同书），所留碑刻甚少。

先农坛具服殿

此碑文内容空洞，无非是说铁保去礼部当满尚书了，汉尚书是自己当年科举时的座师王懿修，而铁保又恰好是正在礼部任侍郎的英和、胡长龄、秀宁、汪廷珍的座师。同门三代六人竟在同一部门工作，让王懿修很感慨，命铁保题写此碑，"勒诸堂壁，为容台佳话。并识本朝科目之盛云"。

清制，六部尚书均满汉各一。所谓"容台"，是行礼之台，是礼部的美称。至于座师，是明清两代举人、进士对主考官的尊称。

然而，此碑颇矫情。

首先，座师并非真正的老师，铁保一生五次主持会试（中央级考试，因在春天进行，称春闱）、四次主持乡试（省级考试，因在秋天进行，称秋闱），挂名弟子遍天下，六人同部有何奇怪？

其次，这种琐碎小事，何需刻碑？又为什么放到先农坛这样的皇家祭祀场所中？

令人唏嘘的是，铁保写完此碑不久，便遭弹劾，被贬到吉林待了四年，落入人生最低谷。

祖宗竟然是宋朝皇帝

铁保（1752—1824），字冶亭，号梅翁、梅庵，正黄旗栋鄂（也写作董鄂）氏。在清代爱新觉罗·昭梿编纂的《啸亭杂录》中，称铁保的先世是宋英宗赵曙，因靖康之乱，后代被金人掳到北方，初姓觉罗，迁至栋鄂（可能在今辽宁省本溪市桓仁县）后，以地名为姓。

铁保祖上几代都是武将，他转向习文。十九岁时中举，二十一岁时，以会试第十一名，成为进士，被安排在吏部工作，二十六岁时，已至从五品。不久，铁保得到名将阿桂器重，清嘉庆四年（1799）十二月，铁保出任漕运总督。

在清代，漕运总督负责山东、河南、江苏、安徽、浙江等八省的漕运及相关设施建设，当时每年两万多艘漕船进京运送钱粮，加上万余条商船，是公认的"肥缺"。品衔是从一品或正二品，在所有总督中，重要性与直隶总督不相上下。

铁保像

重用铁保，因他以廉洁著称。铁保的父亲诚泰病死在任上，留下节余公款五千多两白银，铁保以不敢"违先人意力"为名，全部封存上交。乾隆曾称赞铁保"深得大臣之体"。

在漕运总督任上干了六年，

铁保转任两江总督，没想到手下人贪污赈灾款，他因"失察"，被贬到新疆。不过只是走了一下形式，八个月后，铁保重获重用，先在新疆任职，嘉庆十六年（1811）十一月，升任礼部左侍郎，回到北京。嘉庆十八年（1813）四月，铁保转任礼部尚书，先农坛中的碑应是此时写成。

被文人习气毁掉了仕途

写完碑文的同一年，铁保又被调任吏部尚书，很快遭弹劾，主要原因来自两方面：

其一，当年九月十五日，林清、李文成发动"天理教暴动"，此前清廷毫无预警，百余名天理教徒在太监的帮助下，杀入皇宫，这就是轰动一时的林清事变。事后追查中，铁保过于认真，得罪了太监群体，致谣言缠身。

其二，铁保在新疆任职时有工作疏忽，被伊犁将军松筠密折弹劾。

弹劾给了铁保致命一击，他被外派到吉林待了四年，好容易回到北京，以后长期被安排做文史工作，去世时仅享受三品待遇。

铁保在乾隆时期，曾两次受较大处分，都因"失礼"。在嘉庆期间，铁保又受过九次较大处分。在《清史稿》中，也说："（铁保）及居外任，自欲有所表见，倨傲，意为爱憎，屡以措施失当被黜。"

铁保廉洁、忠诚，但文人习气重，做事散漫，判断力糟糕。他谦称"仆于诗学，志勤而才疏"，但朝鲜赴清使臣徐浩修认为"近来满洲文学反胜于中华，如铁侍郎（指铁保）即其一也"。当时诗坛领袖袁枚也表达过类似观点。

铁保工书法，清人马宗霍在《书林藻鉴》中称："铁公《神道碑》楷书模平原（颜真卿），草书法右军（王羲之），旁及怀素、孙过庭，临池功夫，天下莫及。"铁保打破了当时馆阁体书法一统江湖的局面，他的代表性碑作品有《刘峨暨夫人合葬墓志铭》等，均不在北京。邱崇禄先生的发现极有价值。

先农坛中的古碑，这块保存得最好

在写这块碑时，铁保尚在礼部当满尚书，而祭祀先农需在礼部指导下进行。具服殿是皇帝休息、换衣服的地方，不是正式祭拜场所，放一通闲碑，也无不可。如果不是后来移入的话，它的背后可能还隐藏着更大的谋划。

让铁保写碑的王懿修向以谨慎著称。一次早朝，他到得早，便站在一旁，让别的大臣先走，成亲王永瑆讽刺道："王大人何必多礼？这是在朝廷，不是在家迎客。"可见王懿修宁迂腐、不逾矩的性格特点。

清代统治者认为，明亡于党争。入关后，顺治下令："士习不端，结社订盟，把持衙门，关说公事，相煽成风，深为可恶，著严行禁止。"康熙也劝告大臣们说："人臣分立门户，私植党羽，始而蠹国害政，终必祸及身家。"

为防止官员私下勾结，清政府不允许官员以同乡、同门为借口联谊，所以清代座师与门生之间的关系，比明代冷漠许多。在此背景下，同门三代六人在同部门工作，肯定会引起皇帝猜疑。王懿修以赞美"本朝科目之盛"为借口，主动在碑中自查自纠，不动声色地提醒吏部安排失当，且向皇帝表明自己胸襟坦荡。

对于这层考虑，铁保可能也意识到了，所以碑中完全回避师生情谊、相互揄扬的内容，只是冷冰冰地介绍一番，便收笔了，难见一代文宗风范。

先农坛中现存多块古碑，可惜毁坏严重，大多已无法辨识。倒是铁保的这通小碑，折射出时代的真实侧面，是不可多得的一手材料。

北宋皇城的艮岳遗石，何时混入先农坛

"现今北京北海公园、中山公园和故宫的太湖石，大多是艮岳遗石。"在河南大学地理系编著的《古城开封》一书中，这样写道。该书认为，只有北京、开封还有艮岳遗石（在江南各省的私家名园和乾隆行宫中，也保留了一些艮岳遗石），受战争等因素影响，开封所存无几，甚至在1979年，不得不从故宫运回一块，作为陈列品。

艮岳是北宋皇宫中的著名宫殿，初名万岁山，是中国传统园林的巅峰之作。它用太湖石堆叠成山，"括天下之美，藏古今之胜"。可惜在金兵攻打汴梁时，遭到毁灭性破坏。大量艮岳遗石被运到北方，剩下的难以搬动的太湖石则毁于明末战乱。

流落到北方的太湖石大多留在今天的北海公园、中山公园、天坛公园和故宫中。

艮岳遗石存世极少，刻字的就更为罕见。出人意料的是，先

先农坛太湖石刻字"绮云"

农坛中竟有块太湖石，上镌"撷翠""绉云""玉溪"等字，笔力浑厚。

太湖石上刻字能否算是碑，有一定争议，但"撷翠"石所包含的历史意义，并不亚于古碑。其一，它是目前所知，中轴线最南的艮岳遗石；其二，北京中轴线的诞生，与艮岳遗石不无关系。

艮岳遗石属装饰品，不得放入祭祀之所，那么，先农坛中的这块"撷翠"石是如何混入的呢？

公开抄用不商量

艮岳始建于宋徽宗政和七年（1117），六年后完工。据宋代袁褧、袁颐的《枫窗小牍》记载："艮岳周回十余里，其最高一峰九十步。"按宋尺，九十步相当于今天的一百三十米。

艮岳的出现，与宋代美学发展有关。著名学者陈寅恪先生曾说："华夏民族之文化，历数千载之演进，而造极于赵宋之世。后渐衰微，终必复振。"宋代是中国古代文化鼎盛期，形成了点到为止、不事雕饰、重视内涵、大朴若拙的美学风格。在贵族圈和文人圈中，赏石风盛行，其中多孔洞、充满变化、空间感丰富的太湖石被视为神品。艮岳全用太湖石堆叠而成，将精致与豪迈有机地结合起来。

在艮岳中，有万松岭，上植万棵松树，且有成群麋鹿。

北宋末年，金兵两度包围东京汴梁，宋廷不得不允许士兵进入艮岳，"伐竹为军器，其花木皆折为薪"。数千头麋鹿也被杀，当成军粮。第二次被围时，宋钦宗允许搬取太湖石，当成炮弹。四十年

后，范成大出使金国（此时汴梁已属金国），见城边"河中卧石礌
魂，皆为艮岳所遗"。

当年东京汴梁被金兵攻破后，大量金银珠宝、历史文物被运到
北方，艮岳遗石也未幸免，它们成为建设金中都的基础。金国皇帝
将金中都的原宫室全部推倒，使用来自汴梁的能工巧匠，历时三年，
按北宋皇宫的样式，重建了金中都皇宫，时人称为"强慕华风，往
往不遗余力"。东京汴梁的优秀建筑常标上"燕用"，意思是立刻抄
用到金中都来。

为了将更多艮岳遗石运到北京，金世宗完颜雍曾下令，参与运
石劳役可减赋税，所以艮岳遗石在民间又被称为"折粮石"。

金中都含有东京汴梁的基因

初期艮岳遗石大多放在今北海公园。

民间传说称，北海琼华岛上的小山本在漠北，在蒙古人的领地
中，占卜者称"此山有王者之气，对金人不利"。便将它搬到幽州，
用艮岳遗石镇压。没想到，金朝后被蒙元所灭，小山又成了元大都
的镇山。

传说不足为据，但毫无疑问，金中都模仿了汴梁，元大都又模
仿了金中都。

通过模仿，传统中原城市的规划方式和营建方式，被燕京继承
了下来。比如设置中轴线、两边对称等。特别是元朝征服金朝后，
这一思路得到光大。

北海公园楞伽窟艮岳石阶

　　侯仁之先生在提到元大都时，曾说："整个宫城的平面布局，在前后周庑以内，严格遵循轴线对称的原则，着重突出的是奠址在高大白石台基上的大明殿和延春阁。规模宏伟，布局谨严……在城市的规划和建筑上，同样是采用'汉法'的。当时负责建筑工事的，虽然也有来自中亚和尼泊尔的匠师如大食人也黑迭儿并引进了个别域外的建筑技巧和形式，但城市的总体规划和宫殿建筑的一般工程做法，还都是继承了北宋以来的传统而有所发展。"

显然，北京城携带着北宋都城的基因，所以在北海公园，也用艮岳遗石堆叠成山，此外，将景山一度命名为"万岁山"，明显是在攀附艮岳。

艮岳遗石荟萃圆明园

在清代，艮岳遗石被大量安排在皇家宫殿和园林中，圆明园尤多。

历代理政，都以皇宫为中心，清代则不同，采取了独特的御园理政制度。因明清之交是中国历史上第三次瘟疫大流行时期，特别是天花，给清朝的贵族阶层造成巨大损失：礼亲王代善的三个儿子死于天花；豫亲王多铎死于天花；英亲王阿济格的两个妻妾死于天花……

清顺治八年（1651），北京天花暴发，顺治皇帝不得不带着太后、皇后，躲到遵化荒山中，隔离数月。可顺治十八年（1661），顺治皇帝还是死于天花，年仅二十四岁。

人们畏惧天花，却又不太了解。明代著名儿科专家徐谦提出疑问：为什么汉代以前没有天花的记录，直到东晋元帝时才出现？这是非常敏锐的一个发现。天花病毒来自家畜，但对家畜无害，传染给人后，可能造成生命危险。东晋时，游牧民族纷纷进入中原，带来大量家畜，致天花流行。徐谦没有现代传染病学知识，他认为，西北人来到南方温热之地，原本被冻住的穴位被打开，触发了体内的"疫疠之气"，导致死亡。

八旗自关外入主中原，属于徐谦界定的、容易患天花的人群，所以清廷特别畏惧"温热之地"，希望在气候接近关外、相对凉爽的地方办公，御园恰好符合这一条件。

从雍正皇帝到咸丰皇帝，清朝 5 位帝王每年在圆明园驻留的平均时间为：雍正年均 2/3 的时间；乾隆年均 126.6 天；嘉庆年均 162 天；道光年均 260.1 天；咸丰年均 216.4 天。

在相当时期，圆明园是实际上的行政中心，是皇帝起居、办公的地方，地位不亚于紫禁城，因此园中设置了大量艮岳遗石。

虽是巧合，却是意外惊喜

1927 年，朱启钤先生为保护圆明园遗址中的艮岳遗石，将其中一部分移到中山公园等地保存，比如名石"青莲朵"，至今仍存。还有一些艮岳遗石被移到天坛公园，先农坛的"撷翠"石很可能就是此时移入的。

据董绍鹏研究，成书于 1935 年的《旧都文物略》中第 46 页，有幅题为《观耕台》的老照片，上面已有"撷翠"石的影像。可见至迟在此时，作为圆明园的遗物，它已来到先农坛。

"撷翠"石形象飘逸，孔洞多，可从不同方向观赏，属太湖石中的佳品。

《旧都文物略》先农坛观耕台

　　"撷翠"二字出自宋代程垓的词《蝶恋花》：

　　满路梅英飞雪粉。临水人家，先得春光嫩。楼底杏花楼外影。墙东柳线墙西恨。　　撷翠揉红何处问。暖入眉峰，已作伤春困。归路月痕弯一寸。芳心只为东风损。

　　将如此一块优秀的艮岳遗石设置在中轴线最南端附近，虽是意外，却是冥冥之中，自有天意。它不仅是北京与汴梁之间传承关系的见证，更是中轴线这一传统中国都城建设规划的见证。

一块香会碑，为何混入皇家祭天场所

在天坛圜丘三库院，收藏着《香行老会碑》。刻于清康熙五十七年（1718）。和大多数香会碑一样，碑文是会中人物名录，碑额题为"香行老会"。按规矩，只有百年以上的香会才可称"老会"，否则只称"圣会"。

顾颉刚先生曾说："朝山进香的事，是民众生活上的一件大事。他们储蓄了一年的活动力，在春夏间作出半个月的宗教事业，发展他们的信仰，团结，社交，美术的各种能力，这真是宗教学、社会学、心理学、民俗学、美学、教育学等等的好材料，这真是一种活泼泼的新鲜材料！"

香会在民间影响极大，碑刻资料大多集中在东岳庙、妙峰山等，为何这块碑竟放进了皇家祭天场所中？从这块《香行老会碑》上，我们能读出什么呢？

北元君，南妈祖

香会又称朝山会，是佛教传入后，北方民众自发组织进香的组织。在北京，香会可能始于辽代。云居寺所立《重修云居寺一千人邑会之碑记》《重修范阳白带山云居寺碑》等应算是最早的进香碑。在当时，每年四月初八佛诞日，人们便组成香会，去寺庙进香。

元代此风传入宫廷，明代依然延续。

明清时，成立香会，一般都到东岳庙立碑，庙中最早的香会碑是明嘉靖三十九年（1560）的《岱岳行祠善会之记》。在东岳庙，有四通明代万历年间的《岳众圣会碑》，都是皇妃、公主、太监、宫女所立。

在明代，北京香会与碧霞元君崇拜有很大关系（北京与河北涿州是当时崇拜碧霞元君的中心），碧霞元君是东岳大帝的女儿，又称泰山娘娘。明代时，北京有二十多座碧霞元君庙，故民间有"北元君，南妈祖"之说。

清入关初期，对民众自发组织到妙峰山进香，持反对态度。顺治皇帝曾说："京师辇毂重地，借口进香，张帜鸣锣，男女杂糅，喧填街巷，公然肆行无忌。若不立法严禁，必为治道大蠹。"要求各级官员"穷究奸状，于定律外，加等治罪"。

既要堵，也要疏

清代康熙时，对民间信仰采取堵不如疏的宽容态度。到康熙六年（1667）时，全国敕建大庙已达六千零七十三处、小庙六千四百零九处，民间私建大庙八千四百五十八处、小庙五万八千六百八十二处，

东岳庙碑林

专业人员超过十四万人。

明代丫髻山碧霞元君庙（在今平谷区刘店乡）曾是碧霞元君信仰的重地，被称为"近畿福地""北方泰岱"。康熙曾多次到此进香，因八旗在关外时也有碧霞元君信仰，曾建庙祭祀。康熙还多次为其他的碧霞元君庙题匾。

有了皇家认可，碧霞元君信仰大行，依《乾隆京城全图索引》统计，北京的碧霞元君庙已达三十座以上，到 1936 年时，尚存二十七座。其中五座最大的碧霞元君庙被称为"五顶"，对京城呈包围之势。

所谓"五顶"，分别是：东顶娘娘庙，位于东直门外，1966 年后被毁；西顶娘娘庙，又名广仁宫，位于海淀区四季青乡，遭英法联军、八国联军两次焚毁，民国时有松柏古树三千余株、石碑二十

北京西顶碧霞元君庙，元君殿

余通，1966年后被毁，现存古树三株、石碑五通；南顶娘娘庙，即小南顶，在丰台区南苑大红门，无存；北顶娘娘庙，位于朝阳区德胜门外土城（今"水立方"南）；中顶娘娘庙，在丰台区南苑乡中顶村，存正殿、山门，正殿前有百子碑一通。

不过，放手不等于不管。康雍乾大力扶持八旗香会，以升级"民会"。

旗人有固定的"钱粮"可领，不可经商，所以八旗香会管理严格，特别重面子。"譬如今日之会，共为数十档，某档在某档之前，某档居某档之后，秩序均须大费斟酌，倘或安排不当，即发生冲突，好勇斗狠，牺牲生命，往往有之"。

八旗香会成员大多住在内城（即井字里），为与"民会"区别，八旗香会提出"钱粮自备，茶水不扰"，并在西单狗尾巴胡同（后改名高义伯胡同）设专门机构，选出总把头子，统一管理。

八旗香会是如何实现升级的

八旗香会与"乌七八糟，杂乱无章"的"民会"迥然不同。

首先，技艺更精湛。香会活动有中幡、石锁、高跷、五虎棍等技艺展示，本来自民间卖艺，八旗香会将这些称为"子弟玩意儿"，邻居间平时组织起来训练，不允许江湖艺人参与。在非功利氛围下，一些技艺代代传承，成为北京民间文化的代表。

其次，礼仪森严。比如进香途中，两支香会在路上相遇，必须在相隔五十步时，停止使用一切响器，这叫"停响闭点"，否则被视为失礼。

再次，统一安排进香路线和时间。八旗香会将妙峰山视为"金顶"，到后来，只走妙峰山这一股香道，为避免拥堵，各香会有不同的进香时间。

最后，会首地位较高。香会常有上千人，设会首一人或数人，下设小组，管事者称为"把儿"（正式称呼为督官）。会首大多有一定社会地位，要么是皇亲国戚，要么是重要宗教人物，要么是有钱人。一旦出了纷扰，官方可以问责。

八旗香会逐渐成了香会的主导力量，清代妙峰山惠济祠前的三十三通进香碑文中，二十通出自八旗香会。通过八旗香会，政府对民间文化实现了有效干预。

清朝皇帝过度敏感

清康雍乾三代，各香会本身也得到了充分发展，在东岳庙中，几乎每隔一年便立一通新的香会碑。

在明代，香会中便有"妇女会"，在清代初期也如此，比如东岳庙中有顺治五年（1648）建的《敕建东岳庙四季进贡白纸圣会碑记》，女性题名多达一千三百余人。

香会成员中，女性所占比例极大。通过香会，女性得以参与社会活动，挑战了传统的价值观。乾隆二十七年（1762），有官员奏报："五城寺观僧尼开场演剧，男女概得出资随附，号曰善会，败俗酿弊，所关非细，应交步军统领五城顺天府各衙门严行禁止。"乾隆立刻下旨严禁。

清廷在咸丰二年（1852）、同治八年（1869）、光绪十年（1884）反复下旨，严禁妇女进寺院庵观烧香。

石碑上留下清代官民互动的信史

八旗香会留下很多碑刻文献，体现出清廷与民间互动的基本模式——对民间文化持开明态度，给予社会自组织一定空间，通过树立榜样，引导发展，在磨合中形成规则，而不是直接干预。但在基本问题上不肯妥协，常采用严禁的方式。

慈禧太后把持朝政期间，曾长期留驻颐和园，为争取民间支持，要求八旗香会进香后，在回城途中，加一个进园表演的新环节，并奖励表演好的香会，这被称为"万寿山过会"。获奖香会从此可用黄色三角旗，自称皇会，老会路遇皇会时，都须避让。慈禧太后创造了一个前所未有的"传统"，却迅速被民间接受。

《香行老会碑》是明清香会发展史的重要物证，以往人们较多关注东岳庙、西顶庙、妙峰山等地的香会碑刻，忽略了天坛中也有相关资料。把这块碑放在中轴线旁，别有深意。在皇家祭天场所内，本有西天门关帝庙，至今尚留残碑一通，碑座已失，是清康熙七年（1668）及第进士们捐资修缮庙宇时所刻。《香行老会碑》原在西天门关帝庙中，该香会会首可能就是碑上落款的"圜丘坛寺祭署掌印、奉祀署祈谷坛印务事加二级"刘信贵，体现了当时复杂、微妙的官民互动关系。

慈禧像

在天坛中，现存古碑还有《神乐观碑》《重建神乐观碑》，都是明代所刻，神乐观是明代官署名，掌祭祀天地时的乐舞。与南京的《神乐观遗物澧泉井碑》对读，颇有趣味，可惜在时间的冲刷下，三碑碑文均已难辨。

修个渠，竟也值得乾隆题碑

"疏渠之土即篑为渠岸之山，周植以树，兼培行车之土路，于是渠有水而山有林，且以御风沙，弗致堙……"这是清代乾隆皇帝手书的《正阳桥疏渠碑》中的内容，文辞甚古奥。

此碑当年置于天桥东，与西面的《〈帝都篇〉和〈皇都篇〉碑》隔桥相望。两块碑均安置在碑亭中，考虑到当时天桥拱高六米，是中轴线上的一个高点——从桥南向北看，看不到正阳门；从桥北向南看，看不到永定门。因此天桥又被称为中轴线的"龙鼻"。

前文已介绍过，乾隆试图以天桥为象征性的"国门"，则《正阳桥疏渠碑》和《〈帝都篇〉和〈皇都篇〉碑》犹如两道门阙。这就产生三个问题：

其一，正阳桥在前门正南，为何把天桥称为正阳桥？

其二，修渠这种小事，乾隆题碑，是不是有点小题大做？

《正阳桥疏渠碑》

其三，碑上提到了六条渠，如今却看不到，它们去哪里了？

第一个问题好回答，将天桥视为象征性国门，则它的作用相当于"第二个正阳桥"。重修天桥时，乾隆下令，在两侧各修了一条两丈宽的土路，天桥只供天子使用，成为专门的礼仪用桥。乾隆称天桥为正阳桥，目的是突出天桥的重要性。

需要说明的是，正阳桥原在前门外，本是三座平行的桥，当时正阳门及瓮城有四个城门，加上正阳桥南的五牌楼，合称为"四门三桥五牌楼"，是一套完整的古代建筑群。1919年，为铺设电车轨道，正阳桥被改建为钢筋混凝土结构。20世纪50年代中期，改为沥青路面，70年代改建为道路，正阳桥自此完全消失。21世纪初，曾有人提议恢复正阳桥，因为它是中轴线上十二个传统地标之一。

至于剩下的两个问题，下文予以探讨。

疏通天桥是为保护天坛

学者陈倩在《〈正阳桥疏渠记〉碑与天桥地区的环境变迁》中指出，在疏渠之前，天桥以南因地势低洼，常年积水。

在《清会典事例》中记载："雍正七年谕，正阳门外，天桥至永定门一代，甚是低洼，此乃人马往来通衢，若不修理，一遇大雨，必难行走……天桥至永定门外吊桥一带道路，应改建石路，以期经久。"

明代建北京外城前，这一带本来就是沼泽，加上附近的水洼（即今龙潭湖）本是明代开窑取土的地方，大量土地裸露，一刮风便形成沙尘。

明成化四年（1468），"天地坛外墙风沙堆积几与墙等"。清康熙五十一年（1712），朝鲜使臣金昌业访华，发现天坛"垣外尽树黍干篱……高几二丈，而沙积其外者半焉"。

相比之下，先农坛地势低，不受风，不用设篱。

在水淹、沙埋的双重夹击下，乾隆决定疏渠，将开渠中的土堆在两边，形成土山，上植柳树，用来挡风沙。

这一改造计划非常成功，以至天坛附近反而成了风景区。清嘉庆五年（1800），性灵派诗歌三大家之一张问陶还写了一首《天坛春望》，节录如下：

> 种柳开渠已十年，
> 旧闻应补帝京篇。
> 天桥南望风埃小，
> 春水溶溶到酒边。

在《正阳桥疏渠碑》中，乾隆皇帝自得地写道："于是渠有水而山有林，且以御风沙，弗致堙坛垣，一举而无不便……胥得饮渠之清水，为利而溥。"

前人挖渠后人埋

出乎乾隆预料，二十四年后，他当年主张开挖的六渠竟全被填埋。

清嘉庆十八年（1813）九月十五日，天理教教主林清在太监高广福的帮助下，率百余人冲入皇宫，试图刺杀嘉庆皇帝。虽然行动失败，但这是清朝入关百余年来，从未发生过的恶性事件，震动朝野（即林清事变，本书前文曾提到此事）。

嘉庆皇帝不得不下《遇变罪己诏》，称："我大清国一百七十年以来，定鼎燕京，列祖列宗，深仁厚泽，爱民如子，圣德仁心，奚能缕述？朕虽未能仰绍爱民之实政，亦无害民之虐事，突遭此变，实不可解。总缘德凉愆积，惟自责耳。"意思是：清朝皇帝一直挺不错，我没干什么好事，但也没干什么坏事，凭什么让我遭遇这么大的祸事？总之是我德行不好，一定多多反省。

"反省"的结果有些怪异，嘉庆皇帝竟接受了堪舆家端木国瑚（1773—1837）的观点，认为是乾隆疏浚河道，破坏了清朝风水，引发这场"千古奇变"。

端木国瑚曾中举，后屡试不中，因被推举为"大挑一等"。所谓"大挑"，是清乾隆后定制，会试三次不中的举人，六年举行一次挑选，一等以知县用，二等以教职用，拓宽了举人出身的出路，挑选的标准以形貌为重。

端木国瑚在圆明园见过嘉庆皇帝，嘉庆皇帝给他县官之职，他却不愿接受。端木国瑚精通《易经》，道光皇帝曾召他卜寿陵。

林清事变后，端木国瑚提出应堵住河渠，嘉庆皇帝可能没咨询他，但士大夫阶层反响强烈。嘉庆十八年（1813）十二月，嘉庆皇帝突然下诏："其地依形家言为都城明堂，法宜坦平正直。今凹凸参差于郊坛左右，观瞻亦复不肃，著照钦天监所请，交步军统领衙门，即用两岸积土将河泊六处一律培垫。"

学者陈倩认为，嘉庆皇帝改主意，可能也与林清及其党羽都住在南城有关。此外，天桥六渠中种了很多莲花，与白莲教似有私通（天理教是白莲教的支派）。

两块同龄古碑，都不在原处

天桥六渠被填平后，天桥地区积水问题日趋严重。清末民初，洗染皮毛小作坊在附近聚集，龙须沟中的水遭严重污染，成了臭水沟。

1920 年至 1924 年，北京大旱，天桥一带水域严重缩减，到 1928 年至 1930 年大旱，天桥附近河面基本干涸。1929 年，为方便有轨电车，天桥桥身被修平，到 1934 年拓宽永定门马路时，连天桥的石栏杆也都被拆除。至于两座石碑，早被挪走，辗转多处。

《〈帝都篇〉和〈皇都篇〉碑》

2013 年复建的天桥及仿制的《正阳桥疏渠碑》《〈帝都篇〉和〈皇都篇〉碑》

当年被找到时，原计划放在首都博物馆中展出，没想到全碑重四十多吨，超过室内地面的承压能力，只好安置在首都博物馆门前广场上，加上有机玻璃保护罩。

2013 年，北京恢复天桥景观，两块碑的仿制品分别设在桥两边。如今天桥附近的《正阳桥疏渠碑》《〈帝都篇〉和〈皇都篇〉碑》都是仿制品。

第三辑

发展：从天桥到正阳门

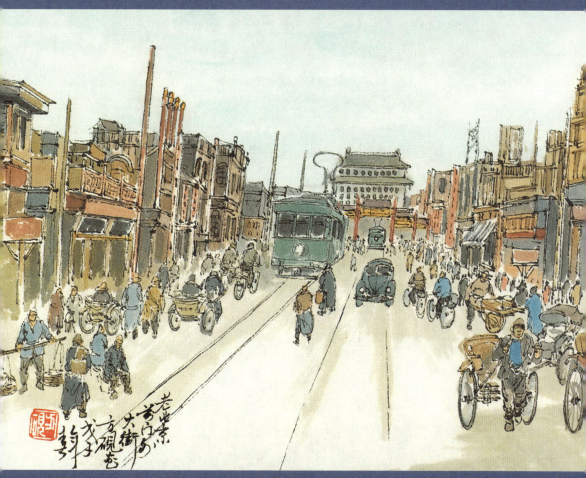

前门大街　方砚绘

谁涂改了中轴线边最古老的碑

"唐太宗贞观十九年（645）及高宗上元二年（675）东征还，深悯忠义之士殁于戎事，卜斯地将建寺为之荐福。（武）则天万岁通天元年（696），追感二帝先志，起是道场，以'悯忠'为额。"这是《元一统志》（原名《大元大一统志》，元代官修全国性地理总志）对悯忠寺（即今之法源寺）的记载。

《帝京景物略》《春明梦余录》《日下旧闻》等均认为法源寺建于贞观年间，但事实上，唐太宗只提了个动议，直到武则天时期才真正完成。

法源寺是北京历史最悠久的佛寺，距今已一千三百七十多年。它深度嵌入中国历史，见证了安史之乱、靖康之耻、宋遗臣谢枋得（《千家诗》编纂者）就义、袁崇焕受冤乃至戊戌变法等重大事件。

法源寺内名碑林立，其中最著名的是《无垢净光宝塔颂》残片。

严格来说，它是刻石，而非碑，但找遍北京城内，目前仅存此一块唐刻，且恰好保留在中轴线附近。只是它问世后，几次被修改、重刻，其背后隐藏着历史变迁的大关节。

唐朝为什么要修悯忠寺

旧北京城寺庙如林，据 1929 年调查统计，尚存一千零三十三座，以法源寺（即唐代的悯忠寺，为保持叙述统一，下文一律称为法源寺，但事实上，不同时期它的名字是不一样的）为最古。值得注意的是，甚至在唐代"武宗灭佛"时，法源寺也未受影响。

所谓"武宗灭佛"，指唐武宗李炎在位时（841—846），对寺庙经济过分扩张感到不满，特别是各寺庙大量铸造铜像，而铜在当时是铸造货币用的贵金属。唐代乏铜，每到市场经济发展到一定阶段，便会出现货币供应不足的问题，引发"钱重物轻"。唐代纳税多用铜币，铜币价格上涨，等于增加了税负，百姓怨声载道。此外，李炎本人笃信道教，受"灭佛"政策影响，连景教（基督教聂斯脱利派）、祆教（即琐罗亚斯德教）的寺庙也被拆毁，寺产被没收，信徒被强令还俗。

令人意外的是，法源寺却躲过了此劫。

这是因为，唐代中国的地理大格局是东西结构，关内与关外相隔，唐廷的注意力更多聚焦在西翼，东翼（即今华北一带）较少得到关注。

经唐太宗、唐高宗两代人努力，东翼的最大威胁高句丽被彻底

悯忠寺纪念标志前侧刻录王世仁 2004 年书写的《悯忠寺沿革记》

消灭。而当时华北富庶，大量粟特人来此经商，甚至在此定居，在宗教信仰的黏合下，形成聚落。安禄山、史思明均有粟特血统，安禄山的母亲是"胡巫"，应是祆教司仪之类。

考虑到这些因素，唐廷建法源寺，有依靠宗教力量稳定地方、敦化风俗之意，这是一个长期的战略，自然不受临时性政策影响。

与此同时，地方势力想向唐廷献媚，也往往拿法源寺说事。

史思明做了一件"百衲衣"

唐天宝十四年（755），安禄山在法源寺内的东南角建塔。两年后，史思明又在法源寺内的西南角建了一座塔，今存的《无垢净光宝塔颂》，就是出自这座塔，原本镶嵌在塔壁上。塔在辽代清宁三年（1057）大地震中倒塌，刻石如今安放在寺内悯忠台观音殿的观音像后，普通游客不可靠近。

该刻石有三大奇：

首先，文字虽竖排，但从左至右，而非常见的从右至左。古人书写多用墨，这种写法不仅易污衣袖，且违背礼制。对此安排，后人颇感奇怪。明末清初的著名学者顾炎武认为，这可能是安禄山临时定的规矩。

其次，刻碑时安史之乱已经爆发，安禄山不信任史思明，起事时未与他充分协商，也没给他安排具体任务，只是让他守幽州。安禄山初期屡战屡胜，但到757年时，他被儿子安庆绪暗杀，唐军趁机反击，战局一度逆转。史思明无奈，宣布向唐朝投降，他建塔竖碑，应该是为了向唐朝讨好。所以《春明梦余录》中称："此碑盖建于初归附之时，而借以媚唐也。"可碑上明明刻有"光天文武大圣孝感皇帝"的尊号，这是西逃的唐明皇给儿子李亨的尊号，此时《无垢净光宝塔颂》已经刻成，难道史思明能未卜先知？

带着这一疑问，学者仔细观察《无垢净光宝塔颂》，才发现问题所在：碑上多处凹陷，显然是把原来的文字磨去，刻上了新字。

经历代学者研究发现，《无垢净光宝塔颂》仅七百六十六字，涂改的字至少达四十九字之多，有些字磨掉后，想不出新字填补，干脆留白，多达十八处，堪称惨不忍睹。

显然，《无垢净光宝塔颂》本是用来讨好安禄山的，因安禄山初期屡战屡胜，史思明不得不表忠心。没想到安禄山死得太快，史思明只好在碑上乱涂乱改，将所有僭越的词都删去，转而吹捧唐朝。只是活儿干得太糙，一块好碑，生生被弄成千疮百孔的"百衲衣"。

想讨好唐朝，又不愿多花功夫，可见此时史思明已有复叛之心。

虽然《无垢净光宝塔颂》进行过反复修补，但仍有一些不恭处，唐朝平定安史之乱后，为何不将此碑毁弃呢？可能当时东翼的离心因素太强，且战后百废待兴，唐廷不愿小题大做，引出意外变故。

文章虽差，字写得好也行

《无垢净光宝塔颂》堪称刻碑史上最著名的"烂尾楼"，却意外成了历史名碑。

碑文作者是张不矜，时任范阳府功曹参军兼节度掌书记。唐代大多数时期，范阳的治所在今天的北京，辖河北、辽宁的部分地区，安禄山曾兼任范阳节度使。功曹参军相当于今天的军事参谋，节度掌书记则是节度使属官，有文学、有出身的人才能担任，相当于今天的省长办公室主任。

张不矜的文字应功力不俗，但《无垢净光宝塔颂》是"颂"体，文辞古奥，空洞无物，加上反复审改，颇有词不达意处。碑文大概的意思是说，唐朝很厉害，史思明又很纯朴，所以建了这么个塔，以震慑坏人，宣扬唐朝的威风。

史书上记载张不矜的地方不多，他的顶头上司是耿仁智。安史叛军攻陷长安后，史思明让耿仁智、张不矜写表章，要求唐皇下令杀掉名将李光弼，并威胁道：如果不杀李光弼，我史思明就自己带兵去杀。

奏折写好后，在装入封套前，耿仁智将其中不恭的文字全部删除，并让人重写表章。史思明知道后，下令杀掉耿仁智、张不矜。处决前，史思明召耿仁智见面，说："我用了你将近三十年，你却这么对我，我可没亏待过你。"

耿仁智却说："人总有一死，为忠义死，死得好。你现在造反，不过就是晚死几个月而已，还不如现在就死。"

史思明气晕了，用棍子把耿仁智活活打死，连脑浆都打出来了。张不矜应该也被砍了头。

《无垢净光宝塔颂》能传承千载，因它出自书法大家苏灵芝之手，他宗二王，却善于变化，被尊为"视北海（李邕）则加庄，视太师（颜真卿）又多隽"。李邕、颜真卿都是书法史上的开宗立派者，可见苏灵芝的书法功底有多深。

一座法源寺，半部中国史

除了《无垢净光宝塔颂》，法源寺还保存着诸多古碑，其中许多是皇家赐碑，所以有"一座法源寺，半部中国史"之说。因为自唐代以后，中国地理大格局逐渐从东西向转为南北向，政治中心从西安移到了北京，而法源寺堪称是这个大转向的枢纽。

在法源寺，还有几块碑不能不提：

《曹娥碑》：在中国书法史上，另有两通《曹娥碑》，一是东汉著名文人蔡邕书写，宋代蔡卞摹刻；另一是《孝女曹娥碑》，南朝宋元嘉元年（424）立，明人传为王羲之书，被认为是书法史上的神品，历代学书法者必临。法源寺的《曹娥碑》应是另外一通，此碑在明代便已找不到了，也没留下拓片。

曹娥是东汉时著名孝女，她的父亲在江中淹死，曹娥当时年仅十四岁，于五月五日投江，三天后抱父亲尸体而归。

元初，宋遗民谢枋得到北京，住在法源寺，见墙上有《曹娥碑》，痛哭道："小女子犹尔，吾岂不汝若哉？"意思是一个小女子都能这么做，我还不如她吗？于是绝食而死。

谢枋得是《千家诗》的编辑者，最大贡献是将李白的"床前明月光，疑是地上霜"收入其中。此前该诗因文字太简，不受重视。《千家诗》是为教儿童学诗而编，故予以收录，使它成了千古名作。

《大元福庆寿兴元观记碑》：是北京地区不多见的元朝石碑，由

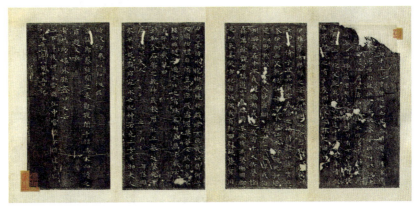

王羲之《孝女曹娥碑》

大都路儒学提举郝乂口述，中书省左司员外郎于口（无法辨识）书，国子司业杨宗瑞篆额。儒学提举司是为推动儒学而设的地方机构，位仅五品。

《圣旨碑》：元仁宗（1311—1320年在位，元朝第四位皇帝）所颁圣旨，全用白话，非常罕见。立碑目的，是要求任何人不得向寺庙征税，也不能侵夺寺庙财产。但当时的白话不易懂，比如"不拣甚么，他每的不拣是谁，休夺要者，休使气力者"，意思是"无论何物，任何人不可逼索，不可倚势欺之"。

明代两御赐碑：分别是明正统七年（1442）所立的《重建崇福

北京法源寺《圣旨碑》

寺碑》和明崇祯十四年（1641）所立的《重修悯忠寺碑》，雕饰极精美，可惜磨损严重。

《御制法源寺碑》：清雍正十二年（1734），对法源寺进行了修葺，特立碑纪念，雍正还御笔写了"存诚"匾额。

《御书波若波罗蜜多心经碑》：清乾隆四十三年（1778）立碑。乾隆一生多次书写《心经》。早在乾隆九年（1744），便在京城贤良寺（东城区煤渣胡同）刻了御笔《心经》塔碑。乾隆十八年（1753），重修妙应寺白塔时，将御书《心经》放入塔刹（天宫）中。法源寺的这块碑异常雄壮，对比三次写《心经》的不同字迹，可见青年乾隆、中年乾隆和老年乾隆的心态变化。

除以上提到的，法源寺还有一些名碑。

有趣的是，作家李敖曾写过一本小说，以法源寺为背景，书名便是《北京法源寺》，据说是他的代表作。可在法源寺里，早就刻有"李敖"的名字——在一座明朝御马监太监们捐铸的铜钟上，"李敖"的名字赫然在列。

你提我，我也提你，看谁斗得过谁。当然，这不过是历史的巧合。

湖广会馆，古碑如今不易找

"今春正月，公议重修，升其殿宇，以妥申领。正建戏楼……"
这是清道光十年（1830）《重修湖广会馆碑》上所记内容，名闻遐迩
的"湖广会馆大戏楼"便是这次重修中建成的，谭鑫培、梅兰芳、

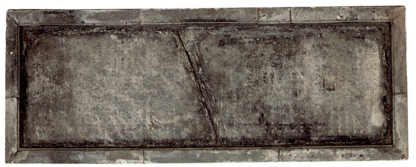

过廊墙壁上镶嵌的清嘉庆十二年（1807）《重修湖广会馆碑记》

余叔岩、陈德霖等名角曾在此献艺。传说慈禧请谭鑫培唱戏，一次也得五十金才行，可谭鑫培喜欢"湖广会馆大戏楼"，经常免费来演出，即使有戏票分成，也会出门即散尽。

传说未必是事实，但看《重修湖广会馆碑》，却令人心惊——当时权臣，不少刻名于碑。如陶澍（晚清湖湘经世派第一人）、黎学锦（著名清官）、屠之申（曾任直隶总督）、陈銮（曾任两江总督）、熊茇（著名诗人，曾任刑部主事）等。

可见当年湖广会馆曾多么"豪横"。

商人掏钱，高官挂名

有学者提出，会馆始于唐代，但一般认为，"会馆之设，始自明代，或曰会馆，或曰试馆。盖平时则以聚乡人，聊旧谊，大比之岁，则为乡中试子来京假馆之所，恤寒酸而启后进也"。在老北京，大约百分之八十六的会馆为举子提供食宿方便。

北京目前所知最古老的会馆，是建立于明永乐十三年（1415）的芜湖会馆。

会馆繁荣，与明代商品经济迅速发展有关。元代时，欧亚经贸沿线诸国被蒙古大军扫平，这被一些学者称为"人类历史上第一次全球化"。中国商品涌向西方，西方白银也大量涌向中国，激活了长期受贵金属缺乏限制的中原地区商品经济。

虽然白银从未被官方承认为正式货币，但白银易携带、性质稳定，使长途贸易成为可能。到明清时，出现了晋商、徽商等商帮，政府在征税时，也接受了白银。

长途贸易普及，大量商人背井离乡，在异地需互相照顾、互相提携，因此出现了会馆。会馆初期只为参加科举的同乡提供方便，又称试馆。会馆一般由商人捐款建造，所谓"惟思泉贝之流通，每与人情之萃涣相表里，人情聚则财亦聚，此不易之理也。乃桑梓之情，在家尚不觉其可贵，出外则愈见其相亲……无论旧识新知，莫不休戚与共，痛痒相关"。

到明正德、嘉靖年间（1506—1566），会馆渐成同乡官商的交流场所。

当时商人社会地位低，常请高官主持会馆。以芜湖商会为例，清光绪三十一年（1905）成立时，会长是李鸿章的侄子李仲杰，有二品衔，其他负责人汤善福、翟寿芳都是四品，会馆为官商结合提供了平台。

据不完全统计，北京会馆最盛时有五百四十多家，仅宣武门外鹤年堂周边就先后建立过二百多家会馆。老北京曾有这样的俗语：官员出入正阳门（官府多集中正阳门内），士子出入宣武门（文人会馆集中在宣武门外），商人出入崇文门（这里是税关，商人多居住在附近）。

"湖广会馆"渐渐变成了"湖南会馆"

在北京的会馆中，楚地会馆引人注目，因明朝"楚党"势力强劲，清代的"湘军"又一度把持朝政。

据《北京湖广会馆志稿》称："最早的湖广会馆为明万历年间所建的全楚会馆，位于丞相胡同路西，原为张居正故宅。"以为今湖广会馆就是张居正的故宅，实误。

首先，丞相胡同原名绳匠胡同，清代才改名为丞相胡同，即菜市口胡同（清代法场行刑所在地），明代并无此称。

其次，湖广会馆在虎坊桥，全楚会馆在菜市口，并非一地。

全楚会馆异常豪华，《万历野获编》称它"壮丽不减王公"。

全楚会馆后，两湖人士在京又相继成立了九家会馆，总数达到十家，基本分布在鲜鱼口一带。

明万历三十九年（1611），以给事中官应震、黄彦士（他们都是

北京湖广会馆

湖广人）为中心，形成了"楚党"，阿附魏忠贤，势力迅速壮大，一度与东林党、齐党、昆党并立。崇祯上台后，魏忠贤被杀，"楚党"势力受到很大冲击。

进入清代，在京湖北会馆迅猛增加，到光绪三十一年（1905）时，已达42处，其中34处是清代新建的，包括湖广会馆。一方面，湖北是科举大省；另一方面，清代湖北经济状况较好，"楚商"实力强。但清代湖北"学者无闻"，几乎没出开宗立派的大师。梁启超曾说："湖北为四战之区，商旅之所辐集，学者希焉。"

清代后期，湖南迅猛崛起。

据《中国历代名人辞典》，鸦片战争前共收入名人3005人，湖南籍仅23人，占0.77%，被称为"不知天下家国者"（左宗棠语），而鸦片战争后共收入名人750人，湖南籍85人，占11.33%。

湖南近代的"人才爆炸"现象引人注目。体现在《重修湖广会馆碑》上，湖南人捐款远多于湖北人，时人常将"湖广会馆"误认为是"湖南会馆"。

花园被拆是个遗憾

湖广会馆是北京目前仅存的4座有戏楼的会馆之一。它原本是私宅，张之洞的爷爷张惟寅、扳倒和珅的名臣王杰、《四库全书》总纂纪晓岚、刑部给事中叶继雯曾住在这里。

叶继雯的孙子即叶名琛，曾任广东总督，在第二次鸦片战争中被俘，客死在印度，被嘲为"不战，不和，不守；不死，不降，不走；相臣度量，疆臣抱负，古之所无，今之罕有"。然而，据学者黄宇和钩沉，发现这段话可能出自英人巴夏礼。巴夏礼通中文，是挑起第二次鸦片战争的关键人物。为掩盖责任，刻意对叶名琛进行污名化。

巴夏礼的中文虽足以沟通，但不擅长韵文，可能是表达意思后，另请中国学者写成。

叶家三代曾住在湖广会馆原址，共计六十多年。据《重修湖广会馆碑记》，清嘉庆十二年（1807），"刘云房相国、李小松少宰"购下私宅，创建了湖广会馆。此后进行了五次大修，其中道光二十九年（1849）的重修还是曾国藩主持的。通过大修，湖广会馆的面积不断扩大，一度占地达四千三百多平方米，被称为"宣南巨宅"。

湖广会馆的花园曾被称为"楼阁之崇闳，轮奂之华美，官爵匾额，煊赫一时。山石亭林，点缀幽致"。可惜后来在拓宽骡马市大街时，花园被全部拆除。

古碑可见记录，却不见其形

湖广会馆见证了许多重大历史事件。

清光绪二十六年（1900），八国联军占领北京时，美军曾将这里设为司令部。1912 年 8 月 25 日，孙中山先生在湖广会馆，主持召开了国民党成立大会。此外，公车上书、戊戌变法、晚清"新政"等事件，亦与湖广会馆相关。

湖广会馆以名家匾额著称，有叶名琛、曾国藩、左宗棠等名臣的大学士匾，还有刘子庄、黄自元等三十一人的状元、榜眼、探花、传胪（殿试后宣布登第进士名次的典礼）匾等。相比之下，名碑不多。

目前仍存的有：

宝善堂石刻：清光绪二年（1876），长沙人徐树钧等人搜集了明代中期李东阳手书《丛桂堂诗》《致仕诗》《慈恩寺诗》，以及"旧时风景"四字刻石，共计十方，原嵌在宝善堂的墙壁上。1966年被保护起来，现存放在北京石刻艺术博物馆，可惜只剩九方。明代中期是书法的衍变期，李东阳的书法已摆脱明初台阁体的束缚，对明书风有承先启后的作用，被赞为"中古绝技"，甚至被一些书家视为"明代草书第一人"。宝善堂刊刻的是他晚年所写草书作品，堪称代表作。

子午井：传说每天子时（23:00 到第二天凌晨 1:00）、午时（11:00 到 13:00），井内清泉上涌，味道更清甜。20 世纪 70 年代被填平，1996 年修复，井台亦是新砌。井圈篆书出自民国时期湖广会馆董事长吴子昂之手。民国时，子午井有铭文且有序，此外有两诗碑，文采均佳，拓片仍存。

《戏曲博物馆石碑》：由梨园名宿时慧宝、徐兰沅所书，都是民国时所立，记载了湖广会馆建造的史实。时慧宝曾与王凤卿、余叔岩并称"青年老生三杰"，曾从魏匏公（即魏铖，铖音如玉，1860 年出生，1927 年去世，著名学者魏润亭之子，清末奇人，善诗，与梨园交往密切）学习书法，被称为梨园书法家。徐兰沅主要为谭鑫培、梅兰芳操琴，被赞为"胡琴圣手"，在京剧音乐革新

子午井

上有重要贡献。

　　《重修湖广会馆碑记》：实为刻石，现存会馆西廊。虽有碑记，却不著撰文者、书丹者姓名。

　　作为会馆代表，湖广会馆中应有一些古碑，只是流散到各处。

明明是银业公会，为什么叫正乙祠

"吾越介居浙东，山深土瘠，其民淳朴无文。然安力作而务居业，不肯少休，以自窘其中，盖其俗使然也。其世家巨族，读书而务实学。而其次者，则商贾江湖，以阜其财。而其又次者，则操奇赢、权子母，以博三倍之利。逐所便易，则不惮涉山川、背乡井，往远至数十年而不返……"这是清康熙五十一年（1712）所刻《正乙祠碑》上的内容。

所谓"操奇赢"，指奇赢术，即经商牟利之法。

所谓"权子母"，铸钱以重币为母，轻币为子，权其轻重而发行，后指资本经营和借贷获利。

这段话的主要意思是为自己辩护，即老家太穷了，有本事的读书，没本事的经商，俺们更差点，只好开银号。不过我们背井离乡的，有时数十年都回不了家，虽然能赚三倍利，也挺不容易啊。

正乙祠本是浙江银业会，清康熙六年（1667）由浙江在京的银

《正乙祠碑》

号商人集资建立，康熙四十九年（1710）扩建，并建了戏楼，两年后完工，遂刻此碑。

　　正乙祠的戏楼已三百多年，是中国古老的纯木结构戏楼，与北京安徽会馆戏楼、湖广会馆大戏楼、阳平会馆戏楼并称北京会馆的"四大戏楼"。

　　在北京所有会馆中，只有此处称祠。《燕都丛考》说："佘家胡同西口有正乙祠，为明代古寺。"让人奇怪的是：银业这么有钱，在哪儿找地方不行，干吗一定要把会馆设在寺庙（实为道观，古人常混称）中呢？

浙江银业为何扎根北京

浙江银业大约在清康熙年间进入北京，据清末陈夔龙《梦蕉亭杂记》记："四恒者，恒兴、恒利、恒和、恒源，均系甬（即宁波）商经纪，开设京都，已二百余年，信用最著，流通最广。"陈夔龙曾任顺天府尹，从"两百余年"回推，应在康熙年间，而《正乙祠碑》也提供了旁证。

浙江银业入京的契机是：

其一，漕粮入京。随船可携带一定数量的免税"土宜"（即土特产）。清代每年入京漕粮 400 万石以上，需六七千艘漕船，由此形成了一个巨大的市场。携带"土宜"的并非职业商人，需要银业提供资金。

其二，对俄贸易。雍正七年（1729）清朝正式立市集于恰克图（清代中俄边境贸易重镇，原属中国），最多时，双方年交易量达 1.5 亿两白银，此地关税曾占俄国政府年收入的 20%。北京是恰克图贸易的起点，江南的茶叶、丝绸运到北京后，再从北京发往恰克图，而俄国的皮毛则从恰克图发往北京，再转向全国。银业是其中重要的支撑力量。

清人崇彝在《道咸以来朝野杂记》中说："京师钱庄，首推四恒号，始于乾嘉之际，皆浙东商人，宁绍人居多集股开设者，资本雄厚，市面繁荣、萧索，与有关系……凡官府往来存款及九城富户显官放款，多倚为泰山之靠。"

清末北京有一句顺口溜："头戴马聚源，身穿瑞蚨祥，脚踩内联陞，腰缠四大恒。"这是当时有钱人的标志。

古代商人多信奉道教

浙江从事银业者，主要是宁波人、绍兴人。

宁波人初期多从事服装业、药业，有了一定资金积累后，转向银业。而绍兴多师爷，遍及各衙门，时人讽刺说，清代是官与胥吏共天下，"百官者虚名，而柄国者吏胥"。一个有钱，一个有权，遂主导了银业。"四大恒"最盛期，占据京城银业市场的一半以上。

浙江银业把会馆设在正乙祠，并不意外，中国传统行会深受道教影响。许地山先生曾说："从我国人日常生活底习惯和宗教底信仰看来，道底成分比儒底多。我们简直可以说支配中国人一般底理想与生活底乃是道教底思想，儒不过是占伦理底一小部分而已。"（文中的"底"，今多用为的、地、得）

道教的戒律严禁不敬慎、夜坐闲谈、饮酒、盗窃、犯国法、说怪事、懒惰、欺骗、诋毁尊长、詈骂大众、不合群、言语浮躁、闹事惊众等，均被传统行会采纳。清同治四年（1865）在正乙祠中所立《重修正乙祠碑》中，明确提出："以奉神明，立商约，联乡谊，助游燕（通宴字）也。"而在祠中所立行规中，亦称："公建斯祠，乃吾敬神之地……妇女不得在堂上起坐饮燕。"

对于这种利用宗教管理商业的行为，清代士大夫持宽容态度。比如潞安会馆（在珠市口西大街53号，也在中轴线旁）中所立《重

修炉神庵老君殿碑》，清代名臣孙嘉淦撰文，立于清乾隆十一年
（1746）八月。其中明确提出：各行业乱认祖师爷，纯属搞笑，但
"其不列于淫祀，类足以收摄人心，生起敬畏，而移其敬畏神明之
念"。意思是，有所敬畏，总比没有强。

为什么偏偏看上正乙祠

经商虽是世俗生活，但也要有所敬畏。因敬畏能生出对公平的
向往、对规则的尊重。

比如《马神庙糖饼行行规碑》（在广渠门安化寺内，亦离中轴线
不远）中写道："惟愿自今以后，公平信义，永昭著于千年，久而益
慎，规矩准绳，期相传于百世。"

任何法律，都需要仪式性、传统性、权威性、普遍性等要素提
供语境，在这个语境中，才能获得合法性。把行会设在宗教场所，
按时并虔诚祭祀，行业才能更有凝聚力。

在老北京，许多传统行业都把行会设在宗教场所，浙江银业鹊
巢鸠占，直接称祠，别的行会还真没这个实力。

正乙祠原本祭祀的是赵公明，据传说，他在秦代避乱山中，修
炼得道，后奉玉帝之旨，守护张天师炼丹。在相当时期，赵公明是
瘟神，明代王珽在《琅琊金石辑注》中，首次把他列为财神，并给
他安排了四位手下，即招宝天尊萧生、纳珍天尊曹宝、招财使者陈
九公、利市天官姚少司。从那以后，赵公明就被视为财神。

浙江银业公会占财神庙，合情合理。

"请看戏"是严惩

正乙祠以戏楼著称，是"徽班进京"的见证者，在京剧发展史上，占据特殊地位。

徽班进京后，除给皇宫唱戏，还在京城各会馆演出。当时的会馆主要有平阳会馆、三晋会馆和正乙祠三家。传说徽班演员米应先一次在正乙祠演《战长沙》的关羽，一出场，听戏的官员和百姓跪倒一大片，以为关羽显灵。

正乙祠作为行会，为什么要设一座戏楼呢？因为在农耕社会，戏剧在乡村是影响重大的社会事件，塑造了村社的集体记忆，戏剧因此被认为是"笙歌舞曲，酬神娱人"的必不可少的中介。可用来扩大影响、联络感情，还能用来管理。

在清光绪十年（1884）北京《靛行规约》中规定："如犯罚约者，在行馆神前跪叩，高香一封，罚钱、罚戏。"作为商业行会成员，要承担两大责任：其一，缴纳祀神费用；其二，遵守行业规定。如果违反规定，"请看戏"是一个严厉惩罚。

正乙祠戏楼的设计有特色，戏台小，仅三十六平方米（除去勾栏，仅三十二平方米），观众三面围坐，台前红柱两侧各设一口水缸。水缸相当于共鸣器，可以将声音传得更远，通过注入清水多少，起到不同的传声效果。

正乙祠古碑是北京工商业历史的重要见证，除了前面提到的《正乙祠碑》《重修正乙祠碑》外，还有清同治四年（1865）石刻。如今除演出活动外，平时正乙祠不开放，普通人观碑颇难。

梨园行为何有两家公会

"上台不拜老郎神，演什么不像什么。"这是传统梨园行的俗语。在旧时戏台的后台，都供老郎神像或牌位，演员出场前要拱手，称为"辞驾"，下场后还要拱手，叫"谢驾"。

所谓老郎神，据清道光年间苏州文士顾禄在《清嘉录》中引钱思元《吴门补乘》称："老郎庙……梨园子弟祀之。其神白面少年，相传为明皇，因明皇兴梨园故也。"奇怪的是，在戏剧发达的清代老北京，却难觅老郎庙，梨园公会设在精忠庙。

精忠庙是给岳飞建的庙，清代北京有三座精忠庙：一在东晓市街；一在城外，地址不详；一在北新桥一带，内有"锁龙井"，传说是北京的"海眼"，刘伯温用铁链将蛟龙锁在井中，使北京城免于被淹，其实是一口普通竖井。

梨园公会设在东晓市街精忠庙，这里的庙会很有名。据清代乾嘉时京官戴璐的《藤阴杂记》载："金鱼池西精忠庙祀岳忠武。自灵佑宫灯市（康熙后期，灯市不再设在灯市口，迁到前门外，每年正月十五日有庙会）罢后，庙设香火，人竞往观，土塑秦桧，煤炭燔之至尽，名曰烧秦桧。"

梨园行的祖师爷，有二郎神、唐明皇、李存勖（后唐庄宗）、翼宿星君等说法，从未提及岳飞。那么，为何要把梨园公会设在精忠庙呢？

老郎神究竟是谁

对于梨园行的祖师爷，比较常见的说法是唐明皇。清代黄旛绰在《梨园原》中说："老郎神即唐明皇……惟串演之下，不便称君臣，而关于体统，故尊为老郎神。"

然而，老郎神形象怪异，清代龚炜在《巢林笔谈续编》中说："梨园所称老郎菩萨者，一粉孩儿也，平时宗之，临场子之，颠倒殊不可解。"其实，梨园祭拜的老郎神的形象多是婴孩（或少年），可能是从"童子爷"崇拜转变而来。有学者认为，梨园行崇拜是从送子的喜神（也称童子爷），渐变成唐明皇，再变成老郎神，是一个渐进的过程。

那么，喜神是如何与戏剧联系起来的呢？

因为佛教中的大黑天（即磨喝乐）是婴孩形象，宋代时，相关信仰在中原开始普及，今所见百子图、孩儿枕、福娃等，其前身就是大黑天。大黑天也是戏剧之神，所以从元代以后，戏班开始敬拜大黑天，后来与本土文化结合，渐次变成老郎神。

七十一块珍贵牌匾仍在

在清代，梨园行公祭老郎神的地方有两处，一在惠济祠（在前门外西珠市口粮食店街，明代称惠济祠，清代称火神庙），一在精忠庙。分别设有梨园会馆。

先说惠济祠的梨园公会。

据乾隆时文人吴长元的《宸垣识略》记，惠济祠内原有明兵部尚书王象乾写的石碑，因在龙脉上，又称"交龙碑"，此外还有三座古碑，皆下落不明。因长期无人居住，庙中道士将房转租给天寿堂饭庄。民国时，梨园公会曾与天寿堂对簿公堂，不幸失利，只好迁走。据张次溪记："闻老年人云，早年此处罩棚及屋檐，悬有梨园匾额甚多，梨园人姓氏，多刻于匾上，今无一存。"

张次溪显然写错了。败诉后，梨园公会迁移到樱桃斜街 34 号，名为梨园新馆。20 世纪 60 年代，梨园公会解散，七十一块牌匾被安排在智化寺存放，匾上共留下三千多位演职人员的姓名，其中最早的刻于清光绪十四年（1888），是珍贵的京剧史料。

梨园新馆牌匾

天寿堂饭庄后被北京市药材公司南城批发部占用，1989 年 10 月被夷为平地。

梨园新馆旧址仍在，但无碑刻。

精忠庙本是给于谦建的

再说精忠庙的梨园公会。

清代《宸垣识略》称："精忠庙，在东晓市西，本朝康熙年建，有乾隆戊子（即乾隆三十三年，1768 年）大学士刘统勋碑。门外铸秦桧夫妇跪像，旁有喜神庙，为梨园子弟公所，有乾隆丙申（乾隆四十一年，1776 年）詹事刘跃云碑。"刘统勋是清代名臣，他的儿子则是清代四大书法家之一刘墉。精忠庙于 1958 年被拆除，其中一部分即今金霖酒店，酒店中有一古碑，刻于清乾隆四十四年（1779），似非精忠庙旧物。

《宸垣识略》的记载有误，喜神庙实为精忠庙偏殿，庙中还有鲁祖殿、油画行鲁班殿、孙祖殿，分别祭祀鲁班（瓦木行祖师爷）、吴道子（油画行祖师爷）、孙膑（靴鞋行祖师爷）。此外，建庙时间似乎也写错了。

日本学者仁井田陞在 20 世纪 40 年代曾到精忠庙考察，发现岳飞像前香炉铸于明天启六年（1626），民间建寺、立像、铸炉同时进行，且庙中有梨园子弟所献"尽忠报国"匾，刻于明崇祯三年（1630）。因此推断，此庙建于明代，是给名将于谦建的。只是当代人"生不建祠，死不立庙"，故以岳飞名义建庙。

精忠庙规模大，离许多梨园从业人员的住所近，清廷便将梨园的管理机构设在这里，其实梨园与岳飞没什么直接关系。

精忠庙成了梨园行的中心

清初对梨园的管理本袭自明代旧制，由南府、景山负责。

南府驻地在今南长街南口，本是灰坑，清初这里多植花树，且置苏杭所进盆景，改称南花园。仿唐明皇的梨园教戏典故，将这里设为太监学戏处。景山亦置房百余间，也是教太监唱戏，有时挑选南方艺人来此教导。

康熙南巡时，江苏织造安排昆班表演，康熙大喜，从此挑民间伶人进宫演戏。刚开始，由江苏织造从江南选人，清道光七年（1827），废南府，立升平署，演员多从京城招募。

为保证安全，也为保证演出质量，升平署在东晓市街精忠庙设梨园公会。

虽然有两家梨园公会，但各有专注。惠济祠公会主要负责行业内部协调，精忠庙公会主要负责与清廷协调，后者往来文件署名精忠庙，犹如正式办公机构，庙首可享四品顶戴。

据著名学者张文瑞先生研究：

清嘉道年间（1796—1850），庙首由数人担任，高朗亭、胡大成、潘兰亭、陈士云、霍玉德、韩永立、殷采芝、池宝财、李三元、张二奎等曾任庙首。

清咸丰年间（1851—1861），庙首曾改为一人，由程长庚独任。

清同治初（同治帝 1861 年即位，1862 年改年号同治），庙首又增至四人，为程长庚、张子久、王兰凤、刘赶三。

清同光朝至民国初，徐小香、周启元、王九龄、俞菊笙、杨月楼、黄月山、时慧宝、余玉琴、谭鑫培、田际云等曾任庙首。

清代组戏班、上新戏，必须上报梨园公会庙首，再报升平署批准。如私组戏班、私添新剧，庙首将承担责任。

比如清光绪三十二年（1906）九月，喜连成班"报庙"：

具甘结承班奴才叶鉴贞（即叶春善）、领班奴才程文涛呈报新出喜连成班，承领本班学生俱系大、宛两县民人，并无别班邀来角色以及来历不明不法之人在班演唱。自挂牌后，倘有前情等事，有奴才叶鉴贞等情干领罪，所具结是实，叩恳大人台前恩准挂牌演唱，则鸿慈无极矣。

叶春善自称奴才，因精忠庙归内务府管理。

精忠庙的管理很严格，比如每年三月十八日是梨园行祭神日，严禁演出，清同治六年（1867），庙首刘赶三私应堂会，竟被革出梨园，后经业内求情，改罚银五百两。

精忠庙庙首由同行选举产生，再经升平署任命。改换庙首，须升平署批准。

慈禧与康乾管理戏剧的风格不同

自光绪九年（1883）起，清廷招戏班入宫演出数量陡增，先后有一百五十多名梨园子弟入宫承差。一方面，慈禧喜欢看戏，驻颐和园的十三年，竟看了二百多出不同的戏；另一方面，时局动荡，慈禧试图影响社会舆论。

康熙、乾隆喜昆曲，不喜花部，乾隆一生禁戏三百多种，尤厌秦腔。秦腔高亢，深得观众喜爱，乾隆担心其社会影响力，于乾隆五十年（1785）下令严禁，将所有秦腔演员轰出京城。乾隆亲自审新剧本，致各戏班都以《忠烈千秋》《仁义万古》之类为题，剧本前半部分多是道德教训，后半部分却夹杂娱乐性内容，批准上演后，不演全本，只演夹在后面的几折。

慈禧太后则采取"堵不如疏"的方式，频招戏班入宫，忠君等题材受宠，赏赐颇厚。一旦被招，社会知名度迅速提升，票房回报惊人。于是，各戏班纷纷推出忠君戏。清末民初时，南方普遍反感清廷，可在北方，特别是北京地区，民众对清廷尚能接受。

1911 年，清朝灭亡，升平署解散，精忠庙亦废，梨园行改由正乐育化会管理。精忠庙梨园公会原有很多古碑，目前留有拓片的有《梨园会馆碑》三幅（分别刻于康熙十一年，即 1672 年；嘉庆十九年，即 1814 年；光绪十四年，即 1888 年）、《梨园聚议庙会碑》、《重修梨园会馆碑》、《重修天喜宫祖师像碑》等，此外，《梨园馆碑》《重修安庆义园关帝庙碑》《重修喜神殿碑》《春台班义园记》等留有文字，可惜实物基本无存。

北京最古老学校的两块碑去哪儿了

"金台书院在慈源寺东，本义学。康熙四十一年（1702），圣祖御书'广育群才'额赐。乾隆十五年（1750）改为书院，有御制碑。"这是《宸垣识略》中对金台书院的记载。清代在北京正式批准的书院只有十八所，目前只剩金台书院，已改成金台书院小学。

因判定标准不同，谁是北京最古老学校，目前尚无共识，但三百年来，一直在坚持教学的，唯金台书院一家。

据史料记载，院内仍有两通古碑，其一为御制碑。经实地踏勘，仅见《金台书院记》石刻一方，刻于清乾隆四十九年（1784），撰文者为胡季堂、虞鸣球，陈万青书丹。陈万青曾受名臣王杰提拔，官至陕甘学政，以书法见长，时人赞为"铺锦叠绣，杼轴日新"。

可能是为了保护，两通古碑已被移走。

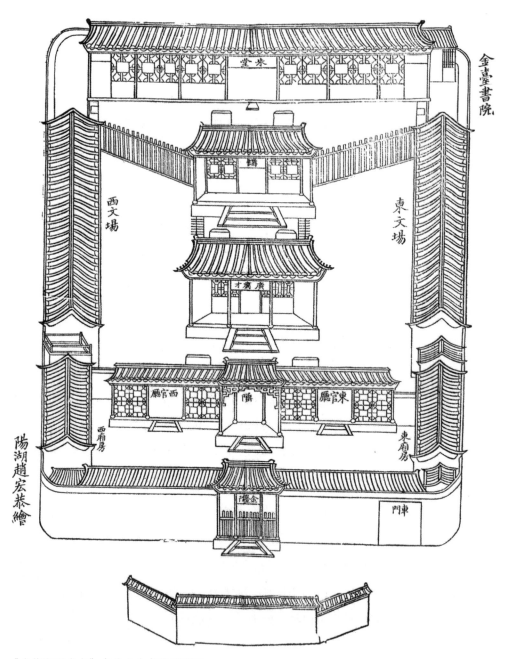

《光绪顺天府志》中的金台书院平面图

名校原本是义学

书院之设，始于唐玄宗时期，本是民间集资建设，有别于官学系统。清代纳入政府监督，资金不够时，政府甚至可以"存公项下拨补，每年造册报销"。这使书院发展进入繁荣期。整个清代，共创建、复兴书院五千八百三十六所，各行省省会均有书院，是省级最高学府。

乾隆曾表示："书院生徒，由驻省道员专习稽察，各州县秉公选择，布政使会同该道再加考验，果系材堪造就者，方准留院肄业。"

早期书院以议论见长，负责人称山长，清代则严禁议论，书院负责人也改称院长。在北京，金台书院的级别最高，享受省级待遇，但它初期只是义学。

清康熙三十九年（1700），京兆尹（相当于市长）钱晋锡发动属下捐金一千二百两，在今东晓市街（清乾隆时称东小市，1933年改称东晓市大街）建大兴义学，后将宛平义学也合并过来。钱晋锡与洪承畴的孙子洪奕沔私交甚笃，便租其私宅上洪庄的一部分办学。

洪家本是文人，到洪奕沔时，由文转武，因建功立业，由康熙做媒，娶了硕亲王之女，曾任襄阳镇总兵，后代多住在南锣鼓巷。

洪承畴的孙子也上当

名臣施世纶（即《施公案》中的施公）接任京兆尹后，上疏谎称洪承畴之孙洪奕沔自愿将全部住宅都捐给义学。康熙大喜，御题"广育群才"匾，赠给义学（匾已不存，如今悬挂的匾是胡絜青所书，挂匾处原有"礼义廉耻"四字匾，蒋中正题），义学的规模空前扩大。

据《重修金台书院碑记》，康熙时，"每年官给白金三百两，以为师生修饩膏火之用"，到乾隆元年（1736）时，"当局者复请清查旧基，扩充修葺，并拨给官地以资逐年经费"。

义学升格为书院后，划归顺天府直管，主要收京师和各省准备参加会试、殿试者，在经费上更有保障。

一是政府拨款。

二是道光下令把昌平州、良乡县入官地的租息，一半拨给金台书院。

三是公款生息得到的钱。书院曾奏请"皇帝恩准"，让两江总督左宗棠"筹银四万两解京，发商生息，分资国子监、金台书院两处膏火之需"。左宗棠立刻找了四万两白银，送到顺天府衙门。这笔钱发给民间银号，利息用来养国子监和金台书院。

义学规模颇大，且出门即花圃，周边多以养金鱼为业，以致"观者流连莫能去"。名儒王源曾在此主持教学。在顾镇、姚汝金主持时，金台书院达到鼎盛，"游门墙者千人，登甲科者百计"，被称为"京之金台，省之莲池（指保定的莲池书院），每科登进者皆数十人"。

状元匾至今没找到

清同治九年（1870），陆润庠被苏州府甄拔为优贡生，送到金台书院学习，四年后，他高中状元。清光绪三年（1877），陆润庠任顺天府乡试副总裁时，特书"状元"二字匾送给金台书院。所以金台书院又被称为状元府。此匾在20世纪60年代丢失，一直未能找回。

传统书院多采取自学的方式，课程较少，金台书院考试较多，顺天府尹、府丞亲自到场，"每季甄别，臣等亲诣书院，扃门（扃，从外面关门的闩、钩等；扃门，犹言锁门）面试"。每年还要"考课"，决定学生能拿多少"膏火"（相当于奖学金）。

清光绪三十一年（1905），清廷宣布废除科举，第二年，金台书院改为公立顺直中学堂。1915年起，改为小学。

据北京地方史学者崔金生回忆，他在金台书院小学上学时，后院"立有两座大石碑，上刻碑文"，应该就是乾隆御碑和《重修金台书院碑记》，据见过的人说，字体漫漶，已难识认。

金台书院曾多次大修，文献中记录古碑颇多，可能仍在地下。20世纪80年代文物勘察时，发现附近还有一座完整石桥，称为"状元桥"，至今仍在地下。

说药王，谁是真药王

俨然药王祠，结甍依皇穹。

男女趋朔望，石碣思鸿蒙。

披图者羲皇，炎帝嗅蒙茙。

轩辕内经作，三圣相折衷。

后贤左右之，坐以列西东。

一事有本末，资生宁终穷。

若金石草木，虮蛭施其躬。

岐雷生相踵，今古无疲癃。

这是《帝京景物略》中所录的左懋泰《药王庙》诗。诗中的药
王庙，即中轴线附近的南药王庙。

左懋泰是明崇祯时的进士，曾任吏部员外郎，后投降李自成，

任密云防御使。清军入关后，左懋泰再降。他的堂弟、民族英雄左懋第就义后，左懋泰被除官，晚年被充军铁岭。

清代北京约有一千三百座寺庙，关帝庙、观音庵最多，各占约百分之十，药王庙也不少，据《乾隆京城全图》，老北京城内外有药王庙十多座，城内最有代表性的是：

东药王庙：在东直门内大街，又称小药王庙，明万历三年（1575）太监冯保建，今只剩山门与庙碑；

西药王庙：在地安门西大街，又称后海药王庙，今香港特区驻京办所在地，庙已无存，只剩明万历二十四年（1596）《药王庙记石碑》一通，现被石刻博物馆收藏；

北药王庙：在旧鼓楼大街西绦胡同，已无存；

南药王庙：在崇文门外东晓市街，原占地二十亩，二百余间房，20世纪50年代初，西部原建筑被拆毁，建成北京市第十一中学，东部三大殿与配殿仍存。

四个药王庙中，规模最大、等级最高的是南药王庙。在左懋泰的诗中，特意提到"石碣思鸿蒙"，可见，南药王庙有许多古碑。

据1936年北平市政府调查，南药王庙尚余十四通碑，20世纪五六十年代，庙中许多古碑被深埋，好在大多留有拓片。近年来，当年被深埋的碑相继出土，竟有二十多通，超出史料记载，但大多难以辨认。

现存拓片中，《崇祯四年药王庙碑》《康熙三十八年药王庙碑》《乾隆三十一年药王庙东殿戏台碑拓片》《光绪六年药王庙碑拓片》等，都是珍贵的历史见证。

《崇祯四年药王庙碑》拓片（《北京图书馆藏中国历代石刻拓本汇编》）

医出于巫。在古代，人们生病时，总是一边治疗，一边祷疾。在大一点的城市中，为方便百姓祷疾，药王庙属于标配。可谁是药王，却是笔糊涂账。因"药王"一词出自佛经，是不折不扣的舶来品。

一般认为，药王是孙思邈，但查唐宋典籍，均称孙为"真人"，不称"药王"。从"真人"到"药王"，是后人吸收佛教文化、逐步建构的产物。在此过程中，东汉开国名将邳彤、春秋名医扁鹊、三国名医华佗、唐代名医韦慈藏（本名韦讯）、唐代道士韦善俊都曾被称为药王。

根据中国方志库检索结果，全国共有一千一百九十三处药王庙（实际药王庙数量多于此），只有九十三处写明供奉的是谁。其中三十处是孙思邈，二十四处是韦慈藏，十八处是三皇。

元代已将祭药王列入正祀，属中祀，明清降格为小祀（明代中期，祭药王一度又升格为中祀）。既然属于国家正典，为什么连药王是谁都说不清呢？这背后有难言之隐。

元代官方承认的药王，是三皇，即伏羲、神农、黄帝。伏羲是人文初祖，神农辨别百草，黄帝有被人冒名顶替写成的《黄帝内经》，说他们是药王，在道理上讲得通，所以明代延续了这一说法。可没多久，朱元璋琢磨出不同味道：伏羲、神农、黄帝是中原民族公认的祖先，是皇权合法性的来源，理应由皇家秘祀，凭什么老百姓头疼脑热，也能直接祈求三皇帮忙呢？

所以朱元璋下令"天下郡邑通祀三皇为渎"，不承认三皇的药王身份了。皇帝不允许，百姓只好改药王，各地有各地的改法，所以药王系统极其混乱。

靖难之役后，明成祖朱棣重新制定祀典，考虑到与民生关系密切，又下令返聘三皇，继续当药王。明代中期以后，嘉靖皇帝崇信道教，力推药王信仰，虽仍属小祀，但享受中祀待遇，与祭文庙、祭武庙并称为京师三大祀。不过，此时南药王庙还没建成。

明天启七年（1627），皇亲武清侯李诚铭（他的姑母是万历皇帝的生母）为巴结魏忠贤，给他建了一座生祠，名为鸿勋祠。明崇祯四年（1631），已将魏忠贤案定为逆案的崇祯皇帝下令将鸿勋祠改为敕封药王庙，主祀三皇，此即后来的南药王庙。

据《帝京景物略》记载，南药王庙中三位大神的造型颇有趣，伏羲是"蛇身麟首、渠肩达掖、龥（音同或，意为孔窍大）目珠角、骏毫翁鬣、龙唇龟齿，叶掩体"，神农是"弘身牛颐、龙颜大唇，手药草"，黄帝是"附函挺朵、修髯花瘤，衮冕服"。此外还供奉了历代名医，如孙思邈、韦慈藏等。

明清之交是中国历史上第三次瘟疫大流行时期，所以清廷对南药王庙特别重视，曾多次重修南药王庙，建了戏台，还增加了一些供奉对象，比如马王爷、龙王爷、月下老人、王母娘娘、关公，甚至还有唐明皇。每年四月十八日，相声艺人会到南药王庙来祭拜唐明皇。

清中期以后，南药王庙以庙会著称，据清末民初学者陈宗蕃的《燕都丛考》记载："庙内设有戏楼，规模宏大，现已作为药行公会，余房并出租为各行堆货房。现在盛称庙内某字号之油炸蜜供为最驰名云。"

南药王庙中名碑耸立，不仅见证着医药史发展，还见证了诸多行业公会的发展。

关公何时卖过香烛

"自来香行原有公会，祈禳坛关圣帝君神前进香，其来久矣。其中举意，虔诚尽心……"这是清乾隆二十八年（1763）所立《香行记事碑》中记录的内容。

该碑原在今东城区东晓市南药王庙中，可能在 20 世纪 60 年代被深埋，但留下了拓片。

从拓片看，《香行记事碑》的碑额题为"万古流芳"，是集资立碑的常用语，碑上刻有捐款者姓名。把碑设在南药王庙，可能是因香烛公会规模小、从业人员少，不常举办活动，也没有自己的会馆。此外，南药王庙有戏台，经常上演戏剧，易形成社会影响。

令人好奇的是，关公从没卖过香烛，为何被香烛公会认定为祖师爷呢？

三国名将怎么成了武神

关羽是三国名将，史书上称他"威震华夏"，但有胜有败，曾投降曹操，后因丢掉荆州，使蜀国丧失了进兵中原的大通道。

关羽死后，被谥为壮缪侯。按谥法，"武而不遂（遂，意为成功）"称"壮"，"名与实爽（爽，意为违背）"称"缪"，这是一个恶谥了。不过，古代缪音为木，通"穆"，意为恭敬、温和。考虑到关羽与刘备情同手足，且关羽年龄比刘备大一岁，却一直以兄视之，则谥为"壮穆"的可能性较大。

关羽虽称名将，但走了麦城，长期被后人忽视。

南宋时，宋廷反省历史教训，认为缺乏尚武精神是失败主因，遂强化战神崇拜，将历代名将列入武神庙，予以祭祀，特意选了几位蜀国名将，关羽亦在列。蜀国在南方，以南击北，历来少有成功者，蜀国的表现还算不错。

元代对武神庙进行了一番清理，将与游牧民族作战的霍去病、卫青、周亚夫等人都排除在外，却意外地保留了岳飞。因岳飞曾与金兵作战，而金是元朝的敌人。经过简化，关羽的地位有所提升。

明初为去除元朝影响，大力推行"去元化"，刻意扶持儒家传统。关羽身为武将，喜读《左传》等儒家典籍，被格外垂青。到明代中期，关羽与岳飞的地位相当，成为战神代表。清代自称后金，入关后，将岳飞迁出武庙，关羽被独尊，成了武圣人、武皇帝。

为美化关羽，文人们还做了一些篡改：

首先，正史上并没记录关羽是"五绺长髯"，但曾记录"五胡乱华"第一人刘渊是"三绺长髯"，被视为"英雄相"。后代文人便把

神格化的关羽成为了商人的祭祀对象

匈奴出身的刘渊的胡子嫁接给关羽，还嫌不解气，额外又加了两绺。

其次，在明末李贽本的《三国演义》中，没有"过五关，斩六将"等，投降曹操时，也没提条件。可到毛宗岗本的《三国演义》时，增加了许多细节描写，处处衬托关羽的高大形象。对比地图，《三国演义》记录的"过五关"，竟然是画了一个圈，说不清是旅游，还是去找刘备。

能打架，还够忠诚

明代中后期，随着商品经济日渐发达，形成了全国市场（对此有争议，一般认为，明代隆庆开关后，通过海外贸易，大量海外白银涌入国内，有了方便结算、供给充足的货币，各地市场得以统一），出现了流动性商帮。特别是晋商，被称为"中国第一大商帮"，持续经营达五百多年。晋商成功的秘诀，在于"诚信"和"团结"。为此，晋商刻意神化老乡关羽（关羽是河东郡解县人，在今山西运城，此地靠解池，中国历史上最著名的产盐地，自古有经商习俗）。

其一，诚信。关羽降曹时，曾有约定，后来脱离曹操，亦颇有契约精神。关羽不收意外之财，不贪恋权位，对朋友忠诚。

其二，团结。关羽为人傲慢，但以公事为重。

长途贩运商常年在外、抛家舍子，传统以孝为主的伦理观很难约束他们，只能用"兄弟情"来替代"父子情"，关羽只忠诚于大哥，忽视父子关系、夫妻关系，比较实用。

在明代，商人运货入城，不可直接卖货，必须与当地牙行（即中间商）联系。古人说"车船店脚牙，无罪也该杀"，在当时，这

2013 年南药王庙出土的石碑碑身

五个行业中的人素质较低，多是流氓、恶霸，"倚势作奸，垄断取利""平空索取牙用"。所以晋商每到一地，多建会馆，与牙行抗衡，供奉武力值已达顶级的关羽，也是吓唬对方的好办法。

其实，不只是传统香烛业把关羽当成祖师爷，典当业、算命业、蚕业、丝织业、糕点业都拿关圣帝君当祖师爷。与其他行业比，香烛业还算理由比较充分的："桃园三结义"时，不是摆了香案、点了蜡烛吗？既然用过香烛，当然算祖师爷。

香烛业最小，竟然有行业细分

在今人看来，香烛行业微不足道，其实，它的历史很悠久，与古人的日常生活息息相关。古代平民房屋卑湿、阴暗，易引发疾病，每日需燃香烛除湿气和浊气。此外，香烛是祭祖、敬神的重要工具，历代王朝均强调"慎终追远，民德归厚"，推动香烛行业充分发展。

从《香行记事碑》看，捐款者多达八十五家，还细分为香号、香末行、香面行等。这说明：

其一，行业颇具规模，从业人员多，还出现了行业细分。

其二，存在内卷化现象，即失去外部市场的冲击，行业相对封闭，细分不是根据用户需要进行的，仅仅是同业圈占势力范围而已，技术含量不高，降低了行业的整体劳动生产率。

《香行记事碑》的拓片是清代重要的工商业史料，被多篇学术著作引用，但愿能早日找到原碑。

玉匠为何成了道士的"师兄"

好女不嫁磨玉郎，

日日夜夜守空房。

有朝一日回家转，

补了袜子补裤裆。

这是北京玉器行流传甚广的"顺口溜"。传统玉器行工作辛苦，经常要加班，当时工具落后，只能用"水凳"。"水凳"的构造有点像今天健身房常用的健身车，通过脚蹬提供动力，带动操作台上的转砣，来切割玉石。

玉石很坚硬，需用解玉砂（即刚玉砂，硬度高），通过摩擦，一点点完成切割。在此过程中，需不断加水降温，所以称"水凳"。

传统"水凳"都是木制的，转动不灵活，匠人一天下来，袜

《白云观玉器业公会善缘碑》拓片

子、裤裆常被磨烂，所以行业中人用这首"顺口溜"来调侃自己。

玉器行是老北京手工艺"四大名旦"之一，名匠辈出，奉长春真人丘处机（为避孔圣讳，多将"丘"写为"邱"）为祖师爷，会馆设在小沙土园胡同。该会馆在大栅栏、琉璃厂地区的诸多会馆中，颇具特色。可惜在20世纪80年代被拆除，吴佩孚所题匾额和会馆中碑刻被首都博物馆石刻馆收藏。在碑刻中，比较珍贵的是《玉行长春会馆馆产碑》，刻于清咸丰元年（1851）。此外还有《玉行长春会馆碑》，刻于1935年。

在白云观另有《白云观玉器业公会善缘碑》，立于1932年，操作者也是玉行长春会馆，该碑可与《玉行长春会馆馆产碑》等对勘。

玉器行认为，因丘处机传下《水凳歌诀》，从业者才有了饭吃，所以道士到玉器作化缘，只要会诵《水凳歌诀》，匠人必盛情接待。并称丘处机传《水凳歌诀》在先，传道在后，所以道士应称玉匠为“师兄”。

丘处机是如何当上祖师爷的

从史料看，丘处机与玉器行向无关联，称其为祖师爷，始于清乾隆五十四年（1789），小沙土园长春会馆玉器行会正式成立时。

为什么要拿丘处机说事？可能与元代时，北京首次成为玉雕中心有关。

传统玉器多为皇家专有，民间所用不多。元至元十二年（1275），在大都设“各色人匠总管府，秩正三品，掌百工技艺”，其中有“玛瑙玉局”，但品级低，主官仅八品。到至元三十年（1293），大都又设“诸路金石玉人匠总管府，秩正三品”。此外，还设了玉提举司、玛瑙提举司、瓘玉局等。

元朝重玉雕，因草原民族重商。且地域广阔，沟通欧亚，大量中亚匠人来到北京，提升了北京玉雕的制作水准。

丘处机是汉人，长期在京生活，被成吉思汗称为“神仙”，是各方都能接受的人物，难逃玉器行的征用。据玉器行传说，丘处机本是玉石匠人，后因战乱，转而学道。西游拜见成吉思汗时，因新疆出好玉，丘处机的琢玉技术更进一步，回京后，在白云观传下《水凳歌诀》。

玉雕是手艺活，为什么要拉宗教人士当祖师爷呢？

原因也不复杂：北京初期会馆多因"地缘"而成，是同乡之间的互助组织，彼此方言相近、熟人圈重叠、生活经验类似，较有凝聚力。清代中期以后，因"业缘"而形成的会馆逐渐增多。在传统社会，"地缘"属强控制力，"业缘"属弱控制力，从业者几无共同的生活经历，彼此存竞争关系，想维持稳定，只能依靠信仰的力量。

正如《玉行长春会馆馆产碑》中所写："善因获报，理在必然。非为挟私媚福，实祈阖行众等咸登福地，共叨安康之嘉荫也。"

祖师爷虽假，信仰却真

在老北京，玉器工会的办法并非个案，许多行业工会都借用宗教力量。

据学者习五一在《近代北京的行业神崇拜》中统计，老北京共有三十五座庙供奉行业神，包括酒行、茶行、糖饼行、粮行、饭庄行、靴鞋行、成衣行、皮箱行、刻字行、纸行、刀行、书行、描金行、绦带行、煤行、木行、棚行、脚行、瓦木行、花行等。

比如糖饼行公建的马神庙，1928 年注册时，有佛像四尊，到1936 年时，猛增至五十八尊。酒行供奉的大慈庵更猛，1928 年有十九尊佛像，到 1936 年时，达一百二十三尊。

行业祖师爷大多是随机选择，比如：传统米面行是用马长途贩运，所以祭马王；糖饼行用火，所以祭雷神；哪吒的兵器中有混天绫，因此成了绦带行的祖师爷……故事不太圆满，可祭祀过程非常严肃。在《玉行规约》中，明确提出："每逢祀神，届期必须虔诚恭敬。大众等不得任意嬉笑。违者罚香百束，会首等犯之，罚香加倍。"

除了外部约束外，还有心灵的约束。在《玉行长春会馆碑》中，表明："我辈艰险不避，同心奋斗，终使魔障暗消，安胜渡过，又何敢侥幸，从此安逸？是以继续先贤遗志，兢兢业业，励精图治，以报天休，而树后人之模型，志愿如斯。"

从事手工业只为谋生，但不能因此放弃神圣感。有神圣感，才能有敬业意识，才能不断提高技艺。明清两代，中国手工艺品大量出口，令各国消费者惊叹。

京工即精工，它不只是干巴巴的物质，还有人类精神的参与。在中轴线诸多行业会馆碑上，均留下了有力的证明。可惜随着城市改造，大多石碑被迁移，存入各博物馆中。当碑离开了它的环境，意义也会损失。如果能将数千座古碑（仿制品也可以）迁回原地，则今人对大栅栏、琉璃厂的理解会完全不同。

光绪未被废，全靠正阳门关帝庙

来往人皆动拜瞻，

香逢朔望倍多添。

京中几万关夫子，

难道前门许问签。

这是清代诗人杨静亭（杨米人）在《都门杂咏·关帝庙》中写下的诗。杨静亭别号净香居主人，乾隆、嘉庆年间曾在北京居住过，生平事迹不详。从诗中看，当时北京求签问卜之风甚炽，其中最剧者，当数正阳门关帝庙。

正阳门关帝庙建于明洪武二十年（1387），传说朱棣亲征漠北时，突遇沙尘暴，幸关公相助，得以大获全胜，回来后便下令在正阳门瓮城的西边建了此庙。

正阳门关帝庙

瑞典著名汉学家喜仁龙（应为喜龙仁，但一直被写错）在《北京的城墙和城门》中说，前门建筑群中最漂亮的建筑，是正门两侧的两座黄顶小庙。东为观音庙，西为关帝庙……庙内黄顶白碑，树木参差，灰墙环绕，环境宜人。

其实，朱棣主持的五次大规模征漠北，都是在篡权后。洪武二十年（1387）时，他才二十七岁，征漠北的主力是明代开国将帅。可见，传说未必是事实。不过，明代皇家对关公的崇拜确实达到了新高度——一年进行二十五次祭奠，以至"今天下神祠，香火之盛，莫过于关壮缪"。

据《帝京景物略》记载："正阳门关庙者，以门于宸居近，左宗庙、右社稷之间，朝廷岁一命祀，万国朝者退必谒，辐辏者至必祈祷也。"

关羽凭什么管发财

清代时，对关羽的崇拜比明代还厉害。

在正阳门关帝庙门前，有乾隆时名臣赵翼书写的对联："乃圣乃神乃武乃文，扶四百载承尧之运。自西自东自南自北，如七十子服孔之心。"当时朴趾源等朝鲜使节来北京，按道理必须拜谒正阳门关帝庙，可他们均不记此联。

清代明后，朝鲜产生了"小中华意识"，认为正统文化在中原已衰微，自己才是继承者。故在日记中，对清廷举止颇有藐视、挖苦之意。在他们看来，孔子才能称为圣人，关羽不够资格。

1601 年，朝鲜在今首尔东大门外，建有一座关帝庙，是天津巡抚、蓟辽总督万世德携明神宗诏书，并送四千两建筑金，朝鲜第十四代王宣祖才同意修建的。此关帝庙至今仍存。

朴趾源在《热河日记》中，不客气地写道："关帝庙遍天下，虽穷边荒徼，数家村坞，必崇侈栋宇，赛会虔洁，牧竖馌妇（馌，音如叶，馌妇即往田间送饭的妇女），咸奔走恐后。"

另一位朝鲜使臣金景善则提出异议："以关帝而称财神，大不可也。或曰：'财神者，比干也。'以比干之忠直而死为财神，何也？且安排节次与关庙一样，抑何义也？庭立一碑，刻曰'万古流芳'，其下列书檀越人姓名及施财多少之数，盖道光辛卯（1831）建也。第三物既安关帝，则又此新创，未知何意。"

朴趾源、金景善都是大儒，无法接受在信仰领域的功利化行为，便用装糊涂的方式，予以诋毁。

读书人也喜欢求签问卜

朴趾源、金景善都能看出来，为何清朝的读书人们却看不出来呢？因正阳门关帝庙有灵验之名，已成举子们争相礼拜、求签之地。

学者林国平在《籤占与科举》中，找到了六十五条举子求签测科举成绩的史料，其中竟有十五条与正阳门关帝庙有关。其中：

清乾隆二十五年（1760）毕沅抽得："君今庚甲未亨通，且向江头作钓翁。玉兔重生应发迹，万人头上逞英雄。"算是好签，果然中了状元。

清光绪十五年（1889）李海初求得："心头理曲强词遮，直欲欺官行路斜。一旦丑行临月镜，身在宪网莫咨嗟。"属劣签，竟然也中了状元。

清咸丰九年（1859）李文田抽得"名在孙山外"，亦属劣签，结果中了探花（第三名）。

正阳门关帝庙的签不是太准，但能中举，大家也就不追究了，一律视为准确。清康熙五十三年（1714），浙江人殷玉琏年已七十一岁，到正阳门关帝庙祷告，结果也中了进士。

旁观者清，当局者迷。读书人也成了抽签爱好者，自然也就不再讨论此举是否恰当了。事实上，儒家强调"君子问凶不问吉"，凡是人力可为之事，一律不许占卜，只有走投无路，或面临多种选择时，才可问卜。只是清代科举压力太大，读书人也有苦难言。

读书人无坚持，百姓自然更沉溺其中。清人崇彝在《道咸以来朝野杂记》中写道："正月初一日，正阳门前关帝庙香火最盛，自五更即有香客前往烧香求福者，抵暮不绝。"朝野上下，皆沉浸在"不问苍生问鬼神"的氛围中。

国家大事竟靠问卜

迷信是小事，不防微杜渐，就可能成大事。

据《清史稿》记，戊戌变法后，慈禧太后准备废掉光绪帝，另立端王载漪的儿子溥儁（古通俊），致电各省督抚，征求意见。两江总督刘坤一回电说："君臣之分已定，天下之口难防。"表示不同意。

荣禄不敢直接告诉慈禧，就说自己到正阳门关帝庙求了一签，经地安门内算命大师赵瞎子拆解，发现结果不吉。然后才把刘坤一的电报呈送上去，慈禧遂断了废光绪皇帝的想法。

慈禧本来迷信，赵瞎子在当时八旗中很有名气，慈禧竟信以为真。不仅慈禧迷信，光绪皇帝也迷信，传说他曾六十四次到正阳门关帝庙祭拜。

正阳门关帝庙还曾搞出一个大事件，清嘉庆二年（1797），一名叫陈德的北京人梦见好友带他进皇宫享乐，醒后颇觉不宁，一连五次去正阳门关帝庙求签，都是上上签。他以为自己能当皇帝，便在嘉庆八年（1803），持刀闯入神武门，意图刺杀嘉庆皇帝，被当场活捉，遭凌迟处死，两个儿子也被处以绞刑。

好在"双绝碑"找到了

正阳门关帝庙内香火旺盛，留下多方名碑。如《正阳门关侯庙碑》，明万历十九年（1591）所立，由明代著名学者焦竑撰文，董其昌书丹，被称为"双绝"，可能是北京城目前所存最有艺术含量的一通碑。

董其昌被称为"五百年来第一人"，一扫当时流行的赵孟頫俗书，此碑写于三十八岁，是书风转变前的作品，但工稳、沉着，清代光绪时有拓片流传，被视为书法珍品。

1967年，正阳门关帝庙被拆除，此碑下落不明，直到2008年，在丰台区南苑乡槐房村发现了它，同时发现的还有正阳门关帝庙的

《正阳门关侯庙碑》

另一座名碑，康熙皇帝书法老师沈荃撰并书的《正阳门关帝庙碑》。两碑目前都保存在槐房村。

据《日下旧闻考》记，正阳门关帝庙共有明朝石碑六通，除《正阳门关侯庙碑》外，还有《万历间加封"神威远振天尊"碑》《天启元年义圣忠王四大字碑》《天启七年礼部定典碑》等，目前在正阳门博物馆中，《天启元年义圣忠王四大字碑》等仍在。

第四辑

高潮：从正阳门到地安门

大高玄殿　方砚绘

下马碑不起眼，却藏着大讲究

"王公、大臣、贵族、师傅等人想要觐见皇上，只能走西边的小门。经过这两个门的时候，不管地位有多么尊贵，一律要下马下轿步行入内。当然了，如果得到皇帝的钦赐，允许他在紫禁城骑马或坐轿，那他可以按照自己的意思出入。除非有特别大的功勋，否则是不可能得到这种赏赐的。"在《紫禁城的黄昏》中，末代皇帝溥仪的英国老师庄士敦这样写道。

从这段记载中，可见明清皇家建筑中的一个重要附件，即下马碑。一般来说，下马碑只设在皇宫和孔庙前，碑文一般是"文武官员至此下轿下马"。

相传下马碑始于明宪宗（1464—1487）时，已知最古老的下马碑在山东曲阜孔庙，立于金明昌二年（1191）。此碑已不存，今所见是明永乐十五年（1417）重刻。

孔庙国子监院墙外下马石碑

　　下马碑形制简单，无底座，民间称为"有碑无驮"，不太受重视，但存世极少。目前北京城内仅有十通清代下马碑，故宫内六通，孔庙和国子监各一通，历代帝王庙外两通。

紫禁城里的轿子不舒服

据宋代王得臣《麈史》记载，唐朝时，宰相出入宫禁可以乘马；五代时，则可用檐子，近于肩舆，也是二人抬，无外罩。北宋时，文彦博、司马光身体不佳，皇帝批准他们坐檐子上朝。

到了明代，紫禁城内严禁骑马、乘轿，整个明代，无一特例。

明嘉靖年间，阁臣沈鲤带病上朝，途中数次摔倒，也未法外开恩。为提醒官员下马，明朝在东西华门护城河平桥外口、桥身正中，还各建三座下马门。

到了清朝，才有了"赐紫禁城骑马""赐紫禁城乘轿"之说。

清初，亲王、郡王可在紫禁城内骑马，即"著加恩在紫禁城骑马，以示优奖"。但也不是所有亲王都能享受这一待遇，据《清世祖实录》，顺治八年（1651）时曾规定："和硕亲王于午门前下马，多罗郡王于午门角楼前下马，多罗贝勒以下俱于阙门下马牌处（此处称"下马牌"，可能是清初尚未设下马碑，暂用木牌替代）下马。"

清康熙二十一年（1682），因入值南书房的朱彝尊已五十三岁，特许在紫禁城内骑马，开了汉官在紫禁城内骑马的先例。

乾隆时，顾念深夜在宫内值班的大学士行走不易，允许骑马。此外，有功之臣可享受此殊荣，比如大将军岳钟琪讨平大小金川时，受赐"紫禁城骑马"；兆惠征回部取胜后，也受赐"紫禁城骑马"；连纪晓岚纂修完成《四库全书》当年，也曾在"紫禁城骑马"。

因大学士鄂尔泰、张廷玉"年迈不能乘骑"，乾隆允许他们在"紫禁城内乘轿"。所谓轿，其实是肩舆，无非是"乘小椅，旁缚短杆，用两人异行入直"。它没有遮蔽，冬冷夏热，较真正的轿子难受多了。

庄士敦享受了超规格接待

清嘉庆元年（1796），嘉庆赐死和珅，定了二十条大罪。其中第三条是"乘椅轿入大内，肩舆直入神武门"；不仅紫禁城中不能乱走，圆明园中也不行，和珅的二十条大罪中第二条是"骑马直进圆明园左门，过正大光明殿，至寿山口"。

在清代，乱闯下马碑可不是闹着玩的。嘉庆年间，御前大臣鄂勒哲依图自恃位尊，擅自坐轿，被嘉庆皇帝严厉申饬，并交理藩院议处。道光年间，道光的侄子奕经乘轿进入神武门，也受到了严厉处分。

不过，嘉庆十四年（1809），嘉庆下旨，年过七十岁的大臣都可以在紫禁城内乘肩舆，被赞为"尤为养老尊贤之旷典"。

虽然允许少数官员在紫禁城内骑马或乘轿，但路线是固定的：从东华门进入者，到箭亭下马；从西华门进入者，到武英殿北内务府下马。绝不允许从午门进入。

至于庄士敦，担任溥仪老师后不久，也得到了"紫禁城内赏乘二人肩舆"的特权。此时清朝已灭亡，但能在紫禁城中"乘肩舆"，仍属殊荣。

按清宫规定，一品以上不论年岁，均可在紫禁城内骑马或"乘肩舆"，军机大臣及侍郎且在两书房任差者，不论年岁，可在紫禁城内骑马或"乘肩舆"。至于二品和三品京官，必须六十岁以上，经吏部每年报皇帝同意之后才行。

庄士敦当年才四十五岁，只是"毓庆宫行走"，享二品顶戴。溥仪对他算是格外开恩了。

俄国人为何称紫禁城是"磁铁城"

设下马碑的目的，是显示皇权的尊严。进入紫禁城，除了下马、下轿外，还要接受皇宫守卫的安全检查。大臣入紫禁城，不可带兵器，否则将严惩。

据学者叶柏川钩沉，明万历四十七年（1618），俄国托木斯克的哥萨克佩特林一行来到北京，他们发现紫禁城的城墙"差不多和莫斯科帝都的宫墙一样高"，"无论在房屋上、衣袍上或在船只上，到处都画着蛇"。俄国人传说紫禁城是"磁铁城"，称城墙是用磁铁矿石建成，以防刺客。

康熙时，来北京的俄国使者更多，他们都记录下清宫的各种仪式，特别提到：到达写有皇帝名号的石碑后，官员们都要下马、下轿。

不过，清朝在宫禁管理上，比明代宽松。在《日下旧闻考》里，记有乾隆的话："皇城之内，前明悉为禁地，民间不得出入。我朝建极宅中，四聪悉达，东安、西安、地安三门以内，紫禁城以外，牵车列阓，集止齐民。"意思是，过去宫城是皇家禁地，如今允许百姓出入和做买卖。

学者史可非表示，中轴线上的下马碑形制独特，是"合璧碑"，碑身刻有满、汉、蒙、藏、托忒、"回"六种文字。

托忒文又称卫拉特文，是清代厄鲁特蒙古使用的一种文字，1982年后停止使用。"回文"是察合台文，是以阿拉伯字母为基础的拼音文字，曾在中亚、莫卧儿帝国、埃及和我国新疆等地使用过，对现代维吾尔文有一定影响。

在全国，这样的"合璧碑"不多见。

"下马必亡碑"，历史深处闪耀的智慧

"凡为君者，耽于酒色，未有不亡者也。"

"我朝满洲先正遗风，自当永远遵循，守而勿替，是以朕常躬率八旗臣仆行围较猎，时时以学习国语、熟练骑射、操演技勇谆切训诲，无非率由旧章，期以传之奕祀，永绵福祚。"

在今故宫箭亭、中南海紫光阁，仍存清乾隆十七年（1752）所刻《训守冠服骑射碑》，以上所引为碑文中的内容。这两块均为卧碑（明清时期，称约束在学生员条规的碑石为卧碑，今天则称宽大于长的石碑为卧碑，此处用今意，与明清时不同）。

该碑在今北海公园中亦存，此外圆明园也有，均为立碑。圆明园的那块碑在 20 世纪 30 年代移到国立北平图书馆西安门内馆区，进行了改刻，乾隆所书碑文被放到了碑阴处。

从文献看，《训守冠服骑射碑》可能刻了十多块，"著于紫禁箭亭、御园引见楼及侍卫教场、八旗教场"，目的是"俾我后世子孙臣庶，咸知满洲旧制，敬谨遵循"。

然而，自道光废围猎后，及光绪三十年（1904）停翻译科，"国语骑射"的国策日渐松动，清廷亦落入积弱的局面。

马上得天下，下马失之。《训守冠服骑射碑》犹如谶语，折射出大历史的深层智慧。所以，人们常将《训守冠服骑射碑》称作"下马必亡碑"。

"国无大小，忘战必危。"任何一个民族，不论曾多么强大，一旦子孙丧失了进取心，丧失了竞争意识和奋斗精神，都必然会落入集体悲剧中。

然而，《训守冠服骑射碑》试图用传统、自豪感、身份差异来防止腐败，用虚拟的"满洲质朴精神"来激励后代，却被历史证明"此路不通"。

"国语骑射"是如何形成的

"国语骑射"指的是满洲子弟应说国语、习骑射，通过保留传统文化中的质朴成分，来抵御商品经济的侵蚀。

"国语骑射"的思想始于金世宗完颜雍提倡的"衣服语言，悉遵旧制，时时练习骑射，以备武功"。其实，金朝由多民族组成，金军中有许多汉、蒙古、奚、契丹等民族的士兵。

金世宗这么说，原因有三：

其一，唐代后期因藩镇割据，华北一带文化、风俗已与中原其他地区不同。金人占领后，为强化统治，刻意夸大这些差异。

其二，宋代文治发达，但抑武太过，金朝为突出优势，必然强调自身文化中"尚武"的因素。

其三，金朝初期由多部落联合而成，形成了贵族圈，骑射是重要的社交平台。北宋受儒学影响，君王不得耽于游猎，致皇帝与贵族间联系甚少，朝政被文臣把持，致北宋后期屡战屡败。

捡起金世宗故技，有强调统治合法性的因素。清朝初期也是多部落联合，不同部落观念有异，清以金为榜样，树立鹰扬天下的目标，将各部落团结起来。

"国语骑射"的思想渊源甚早，但具体到这四个字，直至清乾隆十七年（1752）才正式提出来，并加上了"满洲根本""满洲旧习"的包装。其实，"满洲根本""满洲旧习"本是多元的，片面强调"国语骑射"，与当时遭遇的各种危机有关。

乾隆遭遇了明末危机

乾隆当政初期，深感父亲雍正的执政风格过于刚猛，以致朝中无人敢直言，百姓多受盘剥。当时朝鲜使臣私下称雍正为"爱银皇帝"（此前也曾私下这么称康熙），讽刺其征税太多，以致"彼国居民，举皆贫困"，还说雍正"腹非者察之，正如秦始皇矣"。

不知为什么，朝鲜使节认为："彼中人心，犹在于十四王（即胤禵），此人若代雍正，则其国脉，或可少延，否则其亡似在于雍正之身矣。"认为雍正死后，康熙的第十四子胤禵将继位，而不是乾隆。

这种想法一度成为当时朝鲜上下的共识。

乾隆执政的前十余年，总体执政风格较宽松，乾隆十三年（1748）后，三十八岁的乾隆突然转向严厉，反复强调"安良必先除暴，容恶适足养奸"。他意识到，在初期的宽松管理下，清廷出现了人浮于事、效率低下、文荒武嬉等问题。

清入关后，严禁在北京内城设立商业机构，但据学者袁家方先生钩沉，在康熙《万寿盛典图》中，已绘有从西直门到西华门的烟铺，并有"福建烟""石马名烟""佘塘高烟""济宁干烟""浦城社塘所烟"等广告。到乾隆末期，内城已出现"市肆列居"的商业街。

在清代，北京内城是八旗兵营，房屋均属"旗房"，产权公有，不可交易。但现存北京内城老房契中，不少是在乾隆时期订立的。商人以借钱的名义，诱旗人抵押房产，再以租约形式，实现侵占。许多旗人因欠债而破产，加上旗人人口增加过快，旗人赤贫渐成为严重的社会问题。

为应对危机，乾隆曾三次"出旗"，主要针对汉军旗、下五旗旗鼓包衣、开户人（奴仆通过合法途径脱离本主另立户口，称为开户人，又称开档人）、抱养民子、旗下家奴等，分拨土地，身份从此变成民人，政府不再负担。此外，乾隆还三次用政府拨款，清欠旗人债务，但旗人欠债太多，此后只好不再管。

为解决内城"旗房"不足，清廷一方面强制收回商人租用"旗房"；另一方面，在朝阳门外新建了"旗房"，将城内部分旗人迁居至此。

显然，乾隆遭遇到了明代末年的老问题：商品经济对金字塔式治理造成的冲击。

如何走出明代灭亡的陷阱

明代末年，随着海外白银大量涌入中国，商品经济走向繁荣，也动摇了传统治理的根基。传统治理多采用金字塔结构，强调上下联系，反对横向联系。商品经济则不同，更重视扁平化，强调横向联系，消解上下联系。

在金字塔结构中，上层与下层所享受的信息数量和质量不同，正因信息遮蔽，才能实现有效管理。但横向联系增加后，下层得到的信息在数量上并不少于上层，质量却不如上层，易出现"下凌上"的现象。

明代中期以后，"王学"（即王阳明创造的心学）勃兴，它把成圣的方式转向依靠个人觉悟，而不是服从大贤教导，这样每个人都可根据自己的"良知"，来批评尊者，冲击了传统社会所依靠的道德权威。

此外，江浙巨商与东林党等紧密合作，形成了近似的价值观、行为准则的小团体，开始挑战统治权威。

在各方压力下，明王朝在后期丧失了统治合法性。这一历史教训，清朝在入关前便有较深入的研究。清朝通过八旗体制，形成一个独特的、与商品经济隔绝的核心层——八旗外用国法管理，八旗内用家法管理。

事实证明，这种二元管理体制较有弹性，能适应当时的需要，但管理成本高，只有保证八旗这个小圈子的纯粹、不受外界信息影响，才能实现效率最优。

八旗腐化比想象的快

然而，八旗入关后，在新信息的刺激下，腐化速度比想象的快得多。

顺治初年，旗兵每月训练五六次，可到康熙末年，外省驻防将军"出行则皆乘舆"，连马都懒得骑。康熙平定吴三桂之乱时，八旗甚至出现"一人受伤，数十人扶回"的奇景。

清末的魏源在《圣武记》中指出："若夫金川之始，温福、阿桂皆奏言：满兵一人费至绿营三人，不如止满兵而多用绿营。川、楚之役，勒保亦言征黑龙江一人可募乡勇数十人，不如舍远征而近募乡勇。"

乾隆十一年（1746），乾隆皇帝亲赴校场看八旗骑射训练，发现"弓马软弱，步射生疏，撒放亦不干净，箭发无准，甚致擦地"。

乾隆十七年（1752）六月，乾隆去承德木兰围场，让御前大臣、侍卫试射，结果"并无中三箭之人"，其中一人虽然中了三箭，但"全无仪容准则"，令乾隆大怒："总由平日好逸偷安，未经演练所致，日久废弛，必至渐弃满洲旧业。"当年七月，乾隆便立了《训守冠服骑射碑》。

乾隆是射箭高手

乾隆善射，每次接见武官，常和他们在宫门外比箭。每次射九箭，乾隆一般能中六七箭。乾隆一生四十八次去承德避暑山庄，比康熙（四十三次）还多，其间行围十五次。

避暑山庄行围是清朝维系草原体制的基础，以此展示武备、联

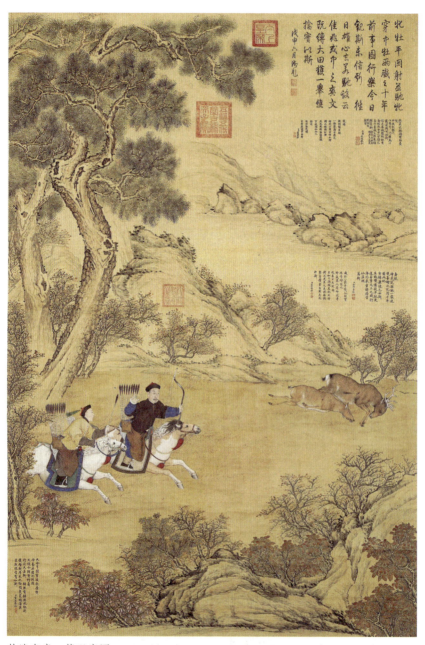

乾隆皇帝一箭双鹿图

络感情、震慑异己。乾隆所用是二十六个劲的弓，一个劲约等于今天的十磅，普通人多用五个劲的弓，能开十个劲即称神力。中国式开弓法是用拇指钩弦，不像地中海直拉弓、现代竞技弓用四指开弓，更容易发力。

据英国使节马戛尔尼说，乾隆曾当着他的面，表演骑马射箭，六箭六中，此时乾隆已是八十二岁的老人。

与《训守冠服骑射碑》配套，乾隆传谕："嗣后武职内，凡升转承袭各官引见者，除例应射箭无庸置议外，其不应射箭之印务章京及侍班官员，亦皆令射箭。"

此外，对不勤习弓马的满洲王公，"凡有射不中法者，立加斥责，或命为羽林诸贱役以辱之"。此外，要求应封宗室及近支宗室十岁以上者，必须考"国语骑射"，"其劣者，停其应封之爵以耻之"。乾隆还规定，每年举办两次满语考试，不过关者，如果已经入官学，则交宗人府治罪，如果未入官学，则治其父兄之罪。

"国语骑射"最终还是失败了

乾隆力推"国语骑射"，把它视为"祖宗家法"，但效果有限。乾隆四十年（1775），乾隆帝阅看京师八旗大臣等举荐的将官，发现"步箭甚属不堪""所射非不至布靶，即擦地而去，甚至有任意放箭几至伤人者"。

乾隆强调"国语骑射"，目的是让后代不忘祖宗创业艰难，但"国语"使用范围小，且随着"火药革命"，"骑射"也已落伍。执着在"国语骑射"上，反而弊大于利。只是在乾隆那个时代，没办法检验八旗子弟是否仍保持着传统的质朴精神，只好依赖"国语骑射"这样的硬标准。

清朝最后一位皇帝溥仪的弟弟溥杰先生曾开玩笑说，他只会一个满文词，就是"萨其马"（一种食物）。别人送给他一方满文印章，他却基本不用，因为不知道哪边朝上，怕用反了。

至于"骑射"，嘉庆帝时，因周边民众盗猎盗伐，木兰围场中的野生动物越来越少。

嘉庆七年（1802），嘉庆帝首次木兰秋狝，发布上谕："秋狝大典，为我朝家法相传，所以肄武习劳，怀柔藩部者，意至深远。"没想到，带了上万人，跑了一天，只猎获两只小狍子。一怒之下，嘉庆皇帝处分了内务府数十名相关官员。

嘉庆帝此后几次木兰秋狝，只有嘉庆十五年（1810）所获较丰。道光帝在即位前，曾十二次随驾木兰秋狝，登基后，一次也没去。道光四年（1824），清廷正式宣布停止木兰秋狝，另在京郊设立了北苑围场，可没多久，北苑的野兽也被偷猎殆尽。道光帝只好从此废围猎。"国语骑射"至此基本终止。

"国语骑射"失败了，但《训守冠服骑射碑》仍有价值。

一方面，清朝长期维持政权稳定，几代君主颇有作为，这与其责任感、进取心密切相关，此碑堪称历史见证。

另一方面，时移世易，但碑文中居安思危、自强不息的精神，确是前人留下的宝贵财富，永远值得后人发扬光大。

南薰殿，在这里与历史对话

我方直南薰，奉诏绢素披。

上溯羲轩世，下讫元明时。

圣君与贤臣，真像罗在兹。

画手不署名，揣度略可知。

下亦祗候官，承旨金碧施。

我时两目眩，神荡心交驰。

泚笔模一二，以识遭逢奇。

这是清代名臣法式善所写的诗，记录了他在南薰殿值班时，看到那里收藏的人物绘画，颇感"神荡心交驰"。

法式善是蒙古族人，姓乌尔济氏，原名运昌，先祖"以军功从龙入关，隶内务府正黄旗"，因诗文书皆佳，乾隆赐名为"法式善"，满语意为"奋勉有为"。他还是唯一参与《四库全书》编修的蒙古族人。

诗中提到的南薰殿，是故宫中目前不多见的明朝宫殿，内有乾隆的《御制南薰殿奉藏图像碑》，实为卧碣，记录了殿中珍藏的历代帝王、贤后、名臣图，所绘人物总计五百八十三人，是中国古代人物画的珍品。今中学历史课本上隋文帝、唐太宗、宋太祖、明太祖、诸葛亮等像，皆出于此。

南薰殿所藏绘画目前在台北"故宫博物院"，但乾隆御书碑尚在，孤独地讲述着道统相传的佳话。

李世民系了明朝腰带

据《御制南薰殿奉藏图像碑》记，南薰殿所藏图像乃明代旧藏。乾隆十二年（1747），乾隆翻检库房，发现了这些古画，"未经启视，尘封蛀蚀，不无侵损"，命人修整，并重新装裱。全部工作用了近两年。

学者黎晟在《清宫南薰殿图像考述》中指出，重新装裱后，画的尺幅大小统一，原画的历史信息反而有所损失。

制作前朝帝王像的传统久远，《孔子家语》称："孔子观乎明堂，睹四门墉，有尧舜之容，桀纣之象，而各有善恶之状，兴废之戒也。……孔子徘徊而望之，谓从者曰：'此周之所以盛也。'"意思是，后人绘前代帝王像，寓褒贬臧否于其中，可以史为鉴。周朝这么做了，才变得强大。

汉代王延寿在《鲁殿灵光赋》中说："贤愚成败，靡不载叙。恶以诚世，善以示后。"意思是，画像的目的就是"恶以诚世，善以示后"。

在《历代帝王图》中，《宋太祖立像》《唐高祖立像》《唐太宗立像》《后唐庄宗立像》四幅并无"善恶之状"，显然不是用来道德教化。

黎晟认为，这四幅可能来自南京的历代帝王庙。庙中为前代圣君塑了像，而没塑像的，可能用画替代。明成祖迁都北京，历代帝王庙也搬到北京，但不再塑像，而是改设木牌位。则用来祭祀的画无处可放，随手塞到了南薰殿中。

目前留下的这四幅画有明显错误，比如唐太宗等四人系的都是明朝制式腰带。

朱元璋究竟长啥样

南薰殿所存绘画中，朱元璋像较独特，因目前存世的十二幅朱元璋像，大多数是凹字脸，唯有这幅是相貌堂堂的正面像。

那么，究竟哪张图像更准确呢？

在史料中，多有朱元璋相貌奇特的记载，据《明史·郭子兴传》，朱元璋当年投靠郭子兴时，郭"奇其状貌，留为亲

南薰殿朱元璋画像

兵。战辄胜，遂妻以所抚马公女，即高皇后也"。

据明初相士袁忠彻记，朱元璋"辅骨插鬓"。所谓"辅骨"，就是由两眉上方向两边突出的骨，"辅骨插鬓"就是"大奔儿头"。明末何乔远写《名山藏》时，朱元璋已成"奇骨灌顶"，成了凹字脸。

凹字脸又称"猪龙形"，相士认为主贵。但相关图像只在民间流传，且许多是明代中期以后才出现的。

不过，《历代帝王图》中的朱元璋是正面像，这种造型在明英宗之后才出现，画家应该没见过朱元璋，也是靠想象创作的。

名画远游，名碑空守

乾隆发现这些旧画后，意识到许多圣君贤臣未收入其中，但在《御制南薰殿奉藏图像碑》中表示："缺者弗复追补，远无征也，惧失真也，以致慎也。"

南薰殿是乾隆收藏历代名人字画之地，周边有武英殿、御书处，都是文化机构。

御书处隶属内务府，专门负责刻碑与刻帖。到清光绪七年（1881）时，御书处的帖石"共计大小石刻三千九百二十六块"，因数量太多，只好堆放在武英殿的空闲库房中。刻石之外，还存有大量名帖拓本。此外，乾隆年间，御书处还奉旨收藏着金元以后的历代古墨。

武英殿则负责官刻图书，以"殿本"著称。

可见，南薰殿收藏历代帝王、皇后、贤臣造像，不是为了祭拜，而是为了表示清帝对前代帝王的尊重。正如《御制南薰殿奉藏图像碑》中乾隆所说的那样："以示帝统相承，道脉斯在，朕之随在，尽其诚敬，不敢苟且。"

换言之，南薰殿是乾隆与历史对话的地方，通过观摩前贤形象，更好地靠近自我。

1933 年，为预防日寇掠夺，故宫文物南迁，南薰殿所藏人物画均被带走。这些杰作曾在南京展出，一度被送到欧美巡展，差点儿被国外截留。

如今，乾隆留下的这方《御制南薰殿奉藏图像碑》，仍在等待着远游的名画归来。

《文渊阁碑》，文治的地标

四库庋藏待，
层楼结构新。
肇功始昨夏，
断手逮今春。

清乾隆四十一年（1776），乾隆为文渊阁题写了御制诗。

文渊阁是乾隆为存放《四库全书》而设置的七阁（北方四阁分别是紫禁城文渊阁、圆明园文源阁、承德避暑山庄文津阁、沈阳故宫文溯阁，江南三阁分别是扬州文汇阁、镇江文宗阁、杭州文澜阁）之一，此前多认为是乾隆三十九年（1774）始建。这首诗则写明了准确时间。

历代帝王的统治合法性皆来自文治武功，可以马上得天下，不可马上治天下。所以，在《文渊阁碑》上，乾隆写下："于以枕经葃史、镜己牅民，后世子孙奉以为家法，则予所以继绳祖考觉世之殷心，化育民物返古之深意，庶在是乎！庶在是乎！"

为什么要修《四库全书》

文渊阁的诞生，与《四库全书》相关。

清乾隆三十八年（1773）二月，《四库全书》正式开始编修，历时十三年，由纪昀等三百六十多位高官、学者参与编修，三千八百多人参与抄写。当时来京举子科考失败后，滞京等待入幕（被高官聘为参谋），常以抄写为业，月薪只有四两，从早至晚上，冬季还需自带取暖设备。

《四库全书》约八亿字，是中国古代最大的文化工程。郭伯恭先生曾称赞说："海汇百川，纲举条贯，萃四千余年之文化，以成历代典籍之大观。"

不过，《四库全书》在抄写、保存古代文献中，也刻意删削、毁坏了一些文献，据史料载："共毁书籍三千一百多种，十五万一千多部，销毁书版八万块以上。"时人讥为"寓禁于征"。

乾隆修《四库全书》，原因有三：

其一，明末曹学佺便提出要编纂《儒藏》，以与《道藏》《释藏》鼎足。清代著名学者周永年"竭数十年博采旁搜之力，弃产营书"，筑贷书园，将收集到的十万卷图书供人阅读抄写，他提出应编纂《四库全书》，在文人圈引起巨大反响。周永年后来确实参与了《四

杭州西湖文澜阁立碑

库全书》的编修工作。

　　其二，明代《永乐大典》损毁严重，乾隆时，安徽学政朱筠提出辑佚，唤醒了乾隆的文化雄心。

　　其三，古代政治强调"以武开基，右文致治"，乾隆修《四库全书》，有"以彰稽古右文之盛"的意味。

皇家建筑也抄袭

明代皇宫中也有文渊阁，分别在南京明故宫和北京紫禁城中。前者建于明洪武元年（1368），后者建于明永乐十八年（1420）。

明正统十四年（1449），南京明故宫发生火灾，文渊阁及藏书尽毁。

据明末清初藏书家、文人孙承泽在《春明梦余录》中记载：明嘉靖三十六年（1557），"阁灾，书移通集库及皇史宬"。

明代时，文渊阁藏书被盗严重，一些官员借书不还，且多次遭火灾。据《明史》所记，到万历三十三年（1605）时，阁中藏书已"十无二三。所增益者仅近代文集地志，其他唐宋遗编，悉归子虚乌有"。

清顺治元年（1644），八旗入京，紫禁城文渊阁被毁。

清乾隆三十七年（1772），乾隆下诏修《四库全书》，范懋柱进献了六百三十八种藏书，乾隆大喜。因范懋柱是明代兵部右侍郎范钦的八世孙，范钦主持建造了天一阁，收集古代典籍，达七万多卷，是江南著名的藏书楼。

天一阁不仅藏书多，还以园林风景优美著称，有"高阁凌云，名园点笔"的美誉。

此前中式园林强调严谨、理性，但自董其昌后，审美风尚转向重视意境，在似与不似间开拓审美空间。天一阁通过假山、小桥、池沼、小亭的有机组合，形成了"阁中文气与烟云相辉映，山水亦为之生色"的风格。乾隆下江南时，对天一阁早有了解。

在收到范懋柱的献书后，乾隆下令，存放《四库全书》的"七阁"皆仿天一阁制式，下令江南织造曹寅（即曹雪芹的爷爷）派人前往天一阁，"详细询察，烫成准样，开明丈尺，呈览"。

在《文渊阁碑》上，乾隆对建筑抄袭行为也毫无避讳，写道："藏书之家颇多，而必以浙之范氏天一阁为巨擘。因辑四库全书。命取其阁式。以构庋贮之所。"

文渊阁的碑亭有点怪

清代文渊阁是天一阁的放大版，传说故宫有 9999.5 间房，其中半间房就是文渊阁楼梯间，但从普查看，故宫仅 8707 间房，传

杭州《文渊阁碑》

说不确。

《文渊阁碑》的碑亭是盝形顶，这种造型出现在唐代，可能受了北方游牧民族帐篷的影响，在江南，很难找到这种造型的亭子。既然仿天一阁，为何要设这么一个奇怪的亭子呢？

有学者认为，可能是文渊阁狭小，限制了建筑高度，为引人注目，故意把亭子做得比较高，而高亭较适合盝形顶。但在北方四阁中，第一个建成的是承德避暑山庄的文津阁，文渊阁是第三个建成的。文津阁应无占地逼仄的问题，但它的碑亭也是盝形顶。在"四库七阁"中，所有碑亭都是盝形顶，也许，这是一开始就设定的符号。

《文渊阁碑》是乾隆御书。1949 年后，文渊阁长期未开放，但《文渊阁碑》的拓片流传甚广，被学书法者当成字帖。

"四库七阁"目前只存四处，其中杭州文澜阁是光绪时重建。圆明园文源阁毁于战火后，碑被安置到北京图书馆院内，一半文字已模糊难识，且碑阳无字。《文渊阁碑》则成为"四库七阁"中唯一保存完好的石刻见证。

乾隆为何为两棵树立碑

何年毕钵罗，植兹清虚境。

径寻有旁枝，蟠拿芝幢影。

翩翩集佳鸟，团团覆金井。

灵根天所遗，嘉荫越以静。

我闻菩提种，物物皆具领。

此树独擅名，无乃非平等。

举一堪例诸，树以无知省。

在紫禁城英华殿，有《御制英华殿菩提树碑》，上引文字即碑阳所刻乾隆御笔《英华殿菩提树诗》，写于清乾隆七年（1742），诗中"毕钵罗"即梵语中的菩提树。碑阴刻的是《英华殿菩提树歌》，写于乾隆二十六年（1761）。

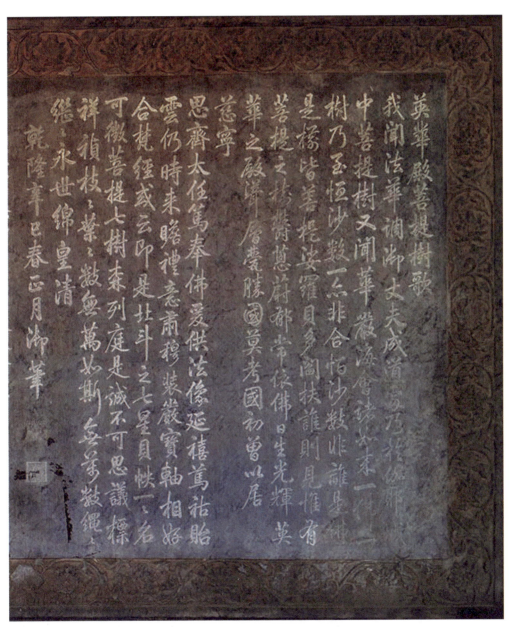

乾隆御制《英华殿菩提树歌》石碑

紫禁城内藏超三十座佛堂，其中规模比较大的佛堂有：

雨花阁：是现存所有佛堂中最大的。乾隆信密宗，此阁在明代建筑的基础上，仿西藏阿里古格的托林寺坛城殿而建，供乾隆独修，其他人不得进入。

英华殿：是皇太后、太妃专用的佛堂。

此外，还有慈宁宫佛堂、咸若馆佛堂、慈荫楼佛堂、吉云楼佛堂、暖阁佛堂、中正殿佛堂（1923 年毁于建宁宫大火）等。

如此多的佛堂，乾隆为何专为英华殿题诗？一方面，英华殿中有菩提老树，颇有些神秘意味；另一方面，这体现了乾隆对子嗣的渴望。

菩提树的来历非凡

英华殿仿寺庙而建。始建于明代，据说殿内曾供奉西番佛像。

据《日下旧闻考》记："大内西北隅英华殿前有菩提二树，慈圣皇祖母手植也，高二丈，树干婆娑，下垂著地，盛夏开花，作黄金色，子不于花蒂生而缀长于叶背。秋深叶下，飘扬永巷，却叶受子而念珠出焉。其颗较南产差小而色黄，且分瓣之线界作白丝，故名多宝珠。"

"慈圣皇祖母"就是李太后，北直隶漷县（今北京通州）人，出身寒微，后成为明穆宗的贵妃，因儿子朱翊钧继承皇位，即明神宗，李太后母以子贵。李太后"性严明"，深知民间疾苦，对朱翊钧管教极严，上位后重用张居正，治绩斐然，时人称为"隆庆万历盛世"。

李太后崇佛，在英华殿前亲手种了两棵菩提树。菩提树与佛教渊源极深，传说它是印度教三大主神之一毗湿奴的化身。禅宗六祖慧能曾写下："菩提本无树，明镜亦非台。本来无一物，何处惹尘埃。"是历史上的著名公案。

菩提树属南方树种，在北方不易成活。李太后种下的菩提树不在花上结籽，而是在叶子的背后结籽，产的菩提籽虽小，但有五条白线，被称为"五线菩提"，打磨后制成手串，当时权贵争相购买。

英华殿原有李太后像，清代被移走。

究竟供奉谁，各有各的说法

清代皇太后、皇后在英华殿礼佛，供奉"完立妈妈"。

"完立妈妈"又称"佛陀妈妈"等，是满洲传说中的女神。"完立"意为有神性的木偶。在满洲神话中，有三百多位女神，均称为"妈妈神"。据《钦定满洲祭神祭天典礼》，写成"佛立佛多鄂谟锡玛玛"，画像为一中年宫装女性。

关于"完立妈妈"的传说非常多：一说是"万历妈妈"，即孝定李皇后，因斥责李成梁误杀觉昌安、塔克世（觉昌安是努尔哈赤的爷爷，塔克世是努尔哈赤的父亲，李成梁纵兵屠古勒城时，二人被乱军误杀。明朝为此赔偿"敕书三十道，马三十匹"，即三十次边境贸易机会和三十四马），努尔哈赤为她立了神位。一说是明万历年间，李成梁欲杀努尔哈赤，李成梁的小妾喜兰帮助了努尔哈赤，因此被害。喜兰后被尊为"完立妈妈"，享受祭祀。

这些说法均属传说，不足为据。

"完立妈妈"应出自萨满信仰。萨满即巫师，萨满教起源于渔猎时代，在中国北方影响很深。清军入关前，即有"神堂"或"祀神祇之室"，一般称为"堂子"。每次出征前，必到"堂子"中祭拜。

清军进入紫禁城后，立刻在附近建了"堂子"，据震钧《天咫偶闻》称："堂子，在东长安门外，翰林院之东。"祭释迦牟尼、观音菩萨、关帝、穆哩罕（马神）等，甚至还有明代将军邓子龙的神位。邓子龙死于万历年间朝鲜战争，传说与努尔哈赤有交。

"完立妈妈"应该是生育神，即"以保婴而祀"。

传统社会婴幼儿死亡率高，清宫也如此。康熙一生共有三十五位皇子、二十位公主，活到成年的仅二十七人，死亡率高达百分之五十一；雍正一生共繁育十位皇子、四位公主，活到成年的仅五人，死亡率高达百分之六十四；乾隆一生繁育十七位皇子、十位公主，活到成年的仅十五人，死亡率高达百分之四十四。

这就可以理解，"完立妈妈"的地位为何如此之高。

立碑的含义深远

《御制英华殿菩提树碑》虽属闲碑，却折射出清宫复杂的信仰体系，即密宗、汉传佛教、道教、萨满教等彼此共存、互相融合，比如"完立妈妈"便被误为"佛陀妈妈"，而将这些信仰统一起来的基础，是强烈的现实精神。

乾隆立此碑，目的是保佑子女健康，但从态度上看，却是半真半假。

在《英华殿菩提树诗》中，乾隆说："此树独擅名，无乃非平等。举一堪例诸，树以无知省。"意思是，菩提树这么多，为什么偏偏这棵独享盛名呢？这与佛教提倡的"众生平等"岂不冲突？并戏谑地写道：我就是举个例子罢了，树又不知道反省。

虽然乾隆请喇嘛给菩提树开了光，但他显然不太相信神秘主义，碑文中颇有调侃意味。

玩味而已，不沉溺其中，这是为政者的一种智慧。这可能是乾隆通过《御制英华殿菩提树碑》，最想告诉后人的东西。

借"兰亭八柱石"，乾隆想永垂青史

白石清泉带碧萝，

曲流贴贴泛金荷。

年年上巳寻欢处，

便是当时晋永和。

在《御制坐石临流诗》中，乾隆皇帝这样写道。这首诗是写给圆明园四十景之一"坐石临流"的。

"坐石临流"是圆明园中较大的一片景区，意在模仿魏晋时期文人潇洒闲适的生活，其刻石之精，在清代便已名声远播。清代宫廷刻帖甚多，在丛帖中，《三希堂法帖》《墨妙轩帖》《重刻淳化阁帖》《兰亭八柱帖》等最著名，因只用来封赏，常人难见。其原石——"兰亭八柱石"便设在"坐石临流"中。

中山公园兰亭碑亭

"坐石临流"景区毁于英法联军之手，但石屏和"兰亭八柱石"仍在。

清宣统二年（1910），"兰亭八柱石"被移到圆明园耶律楚材祠中。1915年，江朝宗致函溥仪内务府，请求将圆明园遗物送到社稷坛（今属中山公园），以供建公园之用。被批准后，总共运了一千辆马车，其中包括"坐石临流"石屏。1917年，建了廊亭，予以安放。

1935年，"兰亭八柱石"也被送到中山公园，长期存放在东库房中。

1971年，中山公园在唐花坞西重建八方亭，"坐石临流"石屏和"兰亭八柱石"终于团聚。它们本在中轴线上的书帖处刻成，以后离开中轴线，到了圆明园，经一百一十年颠沛，终于又回到中轴线旁。

"兰亭八柱石"是中国古代书法成就的集大成者，乾隆把自己的书法作品也刻了进去，想永垂青史，却成了"兰亭八柱石"中的败笔。

后人对兰亭的误会太多

因"书圣"王羲之的不朽杰作《兰亭集序》，兰亭成为中国书法史的地标，但历来对其有颇多误解。

据学者赵光华先生在《圆明园之一景——坐石临流考》钩沉：

首先，兰亭之兰，并不是今天的兰花，而是泽兰。

孔子说："芝兰生于深林，不以无人而不芳；君子修道立德，不为穷困而改节。"指的也是泽兰。泽兰可以做香料，被视为"王者之香"。屈原说"浴兰汤兮沐芳，华采衣兮若英"，指的也是泽兰。泽兰可以入药，但毒性强，与制毒箭的乌头同属。

李时珍在《本草纲目》中曾批评说："近世但知兰花，而不知兰草。"

其次，兰亭本不是亭，而是地名。

此说有争议，但一般认为，亭是古代行政单位，刘邦就当过亭长。所谓"大率十里一亭，亭有长，十亭一乡"。三国时关羽曾被封爵为"亭侯"。但王羲之时，这里应已建亭。

最后，兰亭和今天的亭可能不一样。

从《兰亭集序》看，聚会者多达四十二人，且饮酒、吃饭、写文章，普通亭子肯定放不下，兰亭可能和北京陶然亭一样，是个明轩。

唐太宗为拉拢晋代贵族，大力推崇王羲之的书法。《兰亭集序》被誉为"飘若浮云，矫如游龙，波谲云诡，变化无穷"，此后千年，学书者必临摹此帖，乾隆亦不例外，目前故宫藏乾隆临写的兰亭作品有二十多件。

有疏漏也有败笔

清乾隆四十四年（1779）春，乾隆收集到六幅历代书法名家手迹，其中包括虞世南、褚遂良、冯承素的《兰亭集序》摹本，唐代柳公权书《兰亭诗》并后序，明代董其昌临柳公权《兰亭诗》，戏鸿堂刻柳公权《兰亭诗》原本。其中一些作品是中国书法史上的标志性作品，乾隆决定，将原"坐石临流"亭的木柱拆掉，用八块书法刻石替代，将自己临的董其昌仿柳公权《兰亭诗》也掺杂在其中，并让大学士于敏中补了一帖，合成《兰亭八柱帖》。

不过，乾隆没看出来，《兰亭八柱帖》的第二册，褚遂良摹《兰亭集序》的笔迹与褚遂良的不一样，反而很像米芾的。

米芾曾收藏褚遂良摹《兰亭集序》的刻本，在给朋友的信中，他写道："又得唐刻本《兰亭》，丝毫不差，遂用其本刻出，今天下惟此本也。"启功先生说："此帖子与米诗笔法相同，纸也一律，实为米氏自临自题的。"没想到，如此明显的疏漏，乾隆竟没看出来。

除了这一疏漏外，近代书法家杨震方曾批评《兰亭八柱帖》说："乾隆帝御临，作八卷，恐为当时名手所刻，但稍乏精彩。"

为了不朽，乾隆真是拼了

立"兰亭八柱石"，乾隆说得很坦白，就是为"一永其传"。

《兰亭集序》是后人学书不可忽视的法帖（法帖的说法始于宋代，一般指将名家书法墨迹刻在石头或木板上，再拓成墨本），乾隆对自己的书法极为自信，经常在古人绘画上题字，把自己的作品混入《兰亭八柱帖》，等于走向不朽。

乾隆的书法宗赵孟𫖯，马宗霍先生曾说："其书圆润秀发，盖仿松雪（即赵孟𫖯）。"历来人称"康熙崇董（董其昌），乾隆崇赵（赵孟𫖯）"。其实，乾隆也非常喜欢董其昌，他的字也融入了董书风格，只从单字看，都很精彩，但"千字一律，略无变化，虽饶承平之象，

陶然亭兰亭碑刻

终少威武之风"。

　　乾隆少年时学书勤奋，留下了一千七百九十五页的习作，从这些习作中可见，乾隆性格急躁，基础略有不足。故宫目前存有乾隆的书法作品五百件以上，在所见清代御书中，乾隆作品占了一半还多。善书而不工，因帝王不可太有个性，而无个性又难成为真正的书家。

　　历经种种颠沛，"兰亭八柱石"犹存，实为万幸。

皇史宬，防天灾不防人祸

五代神谟秘典垂，

崇宬扃钥壮鸿规。

兰台令史无惭笔，

纶阁元臣有职司。

百世聪听钦宝训，

万年永茂衍宗枝。

瑶函金匮前朝制，

殷鉴兢兢念在兹。

　　这首写于清乾隆十五年（1750）的诗刻在《御制皇史宬瞻礼碑》上，与乾隆同时写成的《恭送列祖皇考实录御容及玉牒至盛京尊藏碑》，以及清嘉庆十二年（1807）御笔《重修皇史宬碑》，是皇史宬中最有影响的三通古碑。

据《日下旧闻考》，前两块石碑本明朝旧物，但"碑上无字"，应该是被磨去文字，改刻成乾隆的诗碑。

三通古碑见证了皇史宬这座皇家档案库的沉浮。

火灾频繁，只好用金匮石室

皇史宬所在地，原属紫禁城，明朝时称为"南内"。

明代有"三内"：紫禁城是"大内"，中海、南海和北海是"西内"，今南池子一带是"南内"。明英宗在土木堡之变后，回到北京，被明景帝软禁在南内的崇质宫。"南内"和"西内"一样，是皇家花园。

明末，"南内"衰败，渐沦为民居。清入关后，多尔衮等功臣入住，"南内"遂不存。

皇史宬动工于明嘉靖十三年（1534），本为存放皇帝画像，初名"御神阁"。"阁"是古代的特殊建筑形式，外面看是两层，里面是三层，通风好，可抑制蠹鱼，利于图书储存。文渊阁所采用的就是这种方法。

然而，最终建成的却是金匮石室。

金匮石室始于汉代。金匮即铜柜，石室即石头筑房，目的均为防火，以保存珍贵档案。自汉代后，几乎不见此类建筑。明弘治五年（1492），内阁大学士丘濬上书，提出："自古帝王藏国史于金匮石室之中，盖以金石之物坚固、耐久，非土木比，又能扞格水火，

皇史宬全貌

使不为患。"

42 年后，丘濬的想法才实现，代价也很惊人。据学者李松龄在《皇史宬：明清皇家档案库》中披露，皇史宬正殿是北京最大的无梁殿建筑，墙壁占建筑面积的 64%（南北墙厚度均为 6.17 米，东西墙厚度均为 3.45 米），室内面积只有建筑面积的 36%。

之所以这么修，因整个明代，紫禁城火灾达 30 余次。明正统十四年（1449），"文渊阁内所藏之书悉为灰烬"。明正德四年（1509），文渊阁又发生一次火灾。下令修皇史宬的前 3 年，即明嘉靖十年（1531），紫禁城再次发生火灾。

为保证文献绝对安全，皇史宬几乎被修成实心建筑。

暗藏了不少"黑科技"

明嘉靖十五年（1536），皇史宬竣工，嘉靖却变了主意，下令："更名皇史宬，专藏训录。其列圣御容别修饰景神殿以奉之。"就是说，将皇帝画像改放在景神殿（今属劳动人民文化宫），皇史宬只存实录、玉牒（即皇族族谱）、圣训。此外还存放了一些重要文献，一般认为，《永乐大典》的副本便存放在皇史宬。但清代朱彝尊曾提出质疑:《永乐大典》近2.3万卷，皇史宬怎么可能放得下？

《永乐大典》是规模仅次于《四库全书》的大型百科全书，当时仅誊抄了一套，称为正本。原稿藏在南京文渊阁，遭火焚毁，明嘉靖时重抄了一部，称为副本。

清初时副本散失2000多卷，雍正时，下令将副本从皇史宬移到翰林院，后经英法联军、八国联军劫掠，加上《四库全书》修成后，《永乐大典》被忽视，光绪二十年（1894）翁同龢检查时，仅剩800余册。

至于《永乐大典》的正本何在，说法纷纭，一般认为也已被毁。

皇史宬的名字奇怪，学者李松龄指出，"宬"字不见于他处。传说嘉靖本想写"皇史藏"，误将"藏"写成"宬"，因御书不可修改，便将错就错。"藏""宬"差异甚大，且用"藏"称建筑也很少见。《说文解字》称:"宬，屋所容受也。"用"宬"称皇家档案室，未尝不可。

皇史宬因墙厚，内部温湿变化小（冬季一般在15℃，夏季在25℃内），为了防潮，正殿台基高达1.42米。地面用三合土（石灰、黄土、沙子搅拌而成），石灰呈碱性，黄土是酸性，二者相互反应，形成石状体，防潮功能突出。

见证了魏忠贤的灭亡

皇史宬的管理严格，想查阅内容，须举行隆重的仪式，"焚香九叩"后，才能"恭启金匮，展阅尊藏各本"。修完的圣训入藏时，也有隆重的仪式，官员三跪九叩后，还需百官代表致辞、皇帝致答等内容。

明天启六年（1626），魏忠贤授意党羽编纂的《三朝会典》曾藏于皇史宬。会典即政典，是明代的大经大法，为百司所尊、万民所奉。如此重要的文本，竟被魏忠贤用来诬陷、打击东林党人。

崇祯皇帝即位后，认为《三朝会典》是"魏氏之私书"，下令"将皇史宬内原藏一部取出毁之，仍传示天下各处官府学宫，所有书板尽毁不存"。

皇史宬建成后，未受火灾等影响，可明代一亡，皇史宬中所存圣训、实录、玉牒等都被挪走，改放清朝皇帝的圣训、实录、玉牒等。

在《重修皇史宬碑》中，嘉庆皇帝特意写道："金匮瑶台，巍焕壮丽。宝笈琅函，殚心绍继。竭力守成，夙夜自励。殷鉴匪遥，苞桑是系。安益求安，永延带砺。敬告后人，引长勿替。"意思是，天灾可免，人祸难逃。作为统治者，应以史为鉴，否则把圣训、实录、玉牒等放入再坚固的建筑中，也会被人拿走。不幸言中。

敬胜斋，故宫里的小碑林

君道典谟备，始终惟一钦。

丹书爰取义，白室此为箴。

常有图书伴，如承师保临。

凛乎朽索喻，逸豫敢萌心？

这是清代乾隆为自己的书房敬胜斋题写的诗句。所谓"敬胜"，乾隆在《建福宫赋》中解释道："斋名敬胜兮，恐举念之或妄。"取儒家"君子慎独"之意。

儒家认为，君子独处时，更要戒备自己，以提防在微小、隐秘的地方暴露欲望，所谓"起心动念，皆是修行"，"慎独"是儒学的高级境界。所以乾隆在诗中写道："逸豫敢萌心？"

嘉庆似乎继承了父亲乾隆的这一传统，他写过八首关于敬胜斋的诗，其中两首为《敬胜斋自箴言》，其中一首写道："贤者多木讷，佞人城府深；瞻额时自省，先言衷绎寻。"

为什么嘉庆要在敬胜斋做如此深刻的反省呢？这与敬胜斋的一处独特建筑有关，即敬胜斋法帖石刻廊，其数量之多、刻写之精，堪称紫禁城中的小碑林。

人们很少注意到这条书法长廊

敬胜斋属建福宫，始建于清乾隆五年（1740），本计划"备慈寿万年之后居此守制"（就是母亲去世后，按照传统礼节，在此守丧三年）之用，后因故未行。乾隆帝很喜欢建福宫，常来游憩。

乾隆将收集来的许多古玩文物珍宝存放在建福宫，后嘉庆帝将这里封存。传说"奇珍异宝堆积成山，是清宫存放珍宝最多的地方"。

1923 年 6 月 26 日晚，建福宫突发大火。在《我的前半生》中，溥仪写道："起火的原因和损失真相是一样地查不出来。但我疑心这是偷盗犯故意放火灭迹的。"大火将建福宫花园彻底摧毁，据内务府报告："（遗址）清理完竣，所有捡拾熔化佛像、经版、铜、锡等项共五百零七袋，金片铜片及残伤玉器等项共四十三箱。"

据说，在火场灰烬中，竟捡出 1.7 万多两金片。

建福宫从此衰败，敬胜斋亦不受人重视。学者杨文概写道："参观故宫的人们极少数会在宁寿宫中路后半部的乐寿堂、颐和轩回廊走走，几乎没有人去留意廊壁镶嵌的块块石刻。"这些石刻，正是引起嘉庆反省的原因。它们共计 374 通，分成 40 卷。前 20 卷是乾隆御书诗文，后 20 卷则是乾隆御临古今名帖，由此组成了一个壮观的书法长廊。徜徉其中，俨然在与中年时的乾隆对话。

这样的小碑林曾有好几处

清代皇帝好书法，康熙曾说："朕不时观书写字，近侍内并无博学善书者，以致讲论不能应对。今欲于翰林内选择善书者二员，常侍左右，讲究文义。"

据康熙自己说，他"每日写千余字，从无间断，凡古人之墨迹石刻无不细心临摹，积今三十余年"，而他的儿子雍正可能是清朝所有皇帝中，书法水平最高的。乾隆则"朕少时，间涉猎书绘。登极后，每缘几暇，结习未忘，弄翰书毫，动成卷帙"。

康熙法帖之二

皇帝善书，宫中必多藏名帖。与众不同的是，清帝喜将所藏名帖刻石。

康熙时有《懋勤殿法帖》，是清宫所藏历代墨迹，此外还有《渊鉴斋法帖》《避暑山庄法帖》，是康熙自己所出。

乾隆更胜一筹，他将收集到的《三希堂法帖》刻石，于乾隆十八年（1753）镶嵌在北海阅古楼上，共计四百九十五方，是我国现存最完整的古代书法集成石刻。乾隆常来此观赏，写诗赞叹道："翰墨漱芳润，云烟幻卷舒。欲询陆司马，所阅竟何如？"

乾隆还刻了《墨妙轩法帖》，是《三希堂法帖》续篇，原石已毁，只留拓片。此外还有重刻宋代《淳化阁帖》，并建石廊，嵌石于壁。此廊建在圆明园，名淳化轩，可惜毁于战火。

乾隆留下的书法刻石极多，是一笔宝贵的文化财富，虽然《敬胜斋法帖刻石》都是他自己写的，依然非常珍贵。

把自己的痕迹留在紫禁城

康熙的书房叫渊鉴斋，所以他把自己的书帖集称为《渊鉴斋法帖》。乾隆循其例，也以自己书斋敬胜斋做书帖集名。

从后二十卷看，乾隆曾临过钟繇、王羲之、王献之、虞世南、褚遂良、颜真卿、柳公权、苏轼、黄庭坚、米芾、赵孟頫、王宠等名家的作品，但以临董其昌的帖最多。临后还有附言："董其昌书，端庄杂流丽……兹书《畸墅诗》册，尤其惬意之笔。几余对临一过，并志数言，不禁神溯。"

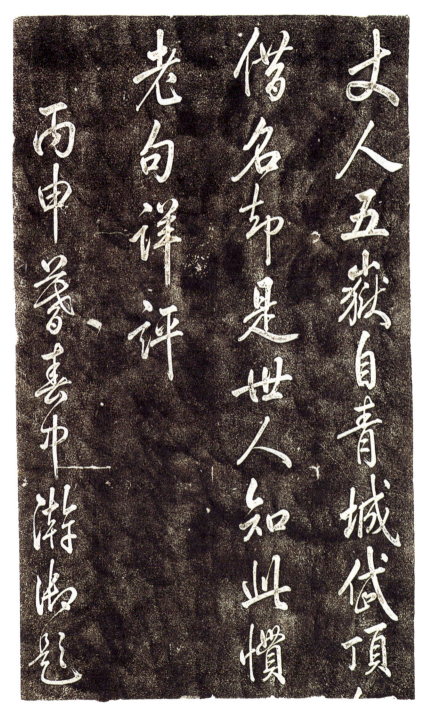

丈人五岳自青城，俯顶
僧名却是世人知，此惯
老句详评
丙申暮春中澣御题

乾隆御题诗刻

217

　　清朝初期皇帝多喜董其昌的书法，因康熙的书法老师沈荃与董同乡，少年便喜董书。受沈荃影响，康熙称董其昌为"前无古人""独出新意"。乾隆的书法老师朱轼也深得董其昌笔意。

　　乾隆曾想晚年以诗书自娱，在《淳化轩》诗注中，他写道："若纪元得至六十，则寿登八十五，彼时当归政居此。果如所愿，得以翰墨静娱，诚至乐也。"但事实上，乾隆退位后没去圆明园，而是继续留在紫禁城的乾清宫和养心殿。

　　乾隆帝刻《敬胜斋法帖》，有留作晚年自娱之意，但更重要的是，想让后代"睹物思人"。嘉庆帝也很配合，在此写了不少自省诗。

这种碑，只有乾隆立过

飞阁流丹切颢空，登临纵目兴无穷。

北凭太液平铺镜，南接金鳌侧饮虹。

冬已半时梅馥馥，春将回处日融融。

摩挲艮岳峰头石，千古兴亡一览中。

在北海公园永安寺内，有一怪碑——正面书"昆仑"二字，背面镌诗（前引即石碑北侧题诗，东侧、西侧还分别刻有别的御制诗）。碑的顶部为圆弧状，碑身如碣石，碑座犹如波浪。这就是清代乾隆独创的"昆仑石碑"，寓意江山永固，由房山所产汉白玉制成，只在皇家园林中摆放。

昆仑碑的碑座上有两石穴，可以填土种树，使景、树、石、诗、刻交相辉映。从古至今，唯有乾隆刻过这种碑，目前只在北京发现，

北海公园昆仑石碑

仅存九通。

在这九通碑中，永安寺的这块昆仑石可能最早。

永安寺建于清顺治八年（1651），即白塔寺，清乾隆八年（1743）重修后，改名永安寺。乾隆十七年（1752）立碑，以"昆仑"应对"永安"，应是刻意为之。

昆仑碑有独特的美学价值，可惜存留不多，据学者黄成彦、高世良研究，目前九块分别为：

北海碑：今北海公园琼岛永安寺庭园东侧，坐北朝南，至今已有二百六十余年。

颐和园铜牛碑：立于清乾隆十五年（1750），修建清漪园时，开挖昆明湖，在湖的西部修筑了一条西堤，所以碑上乾隆帝御制的《西堤》诗中写道："西堤此日是东堤，名象何曾定可稽。展拓湖光千顷碧，卫临墙影一痕齐。刺波生意出新芷，踏浪忘机起野鹥。堤与墙间惜弃地，引流种稻看连畦。"

颐和园《耕织图》碑：立于乾隆十六年（1751）。正面阴刻乾隆手书"耕织图"三个大字，背面及两侧共刻乾隆咏赞耕织图风景的诗五首，字迹已模糊。该碑与东岸铜牛碑遥相呼应，隐喻"牛郎织女"。

中南海瀛台人字柳碑：可能立于乾隆十八年（1753），立碑地原有一百年巨柳，被大风刮倒，其中一枝插在地上，竟然生根，形成独特的人字结构，乾隆遂作《人字柳赋》。20 世纪 20 年代，此柳已不存。碑阳刻《赋得太液柳》诗，内容是："人字低临太液池，栽培谁辨永宣时？居然后老同彭祖，未觉先零傲悦之。春景青瞳仍望望，

颐和园耕织图碑记

秋风绿发故丝丝。世间松柏翻难并，得地延年意可思。"

望瀛亭碑：立于乾隆十八年（1753），原在圆明园，圆明园被焚毁后，被遗弃，碑上文字已难辨识。1931年移至北平图书馆（在今文津街国家图书馆分馆院内）。

双柳树碑：立于乾隆二十八年（1763），原属北京南海子皇家禁园（即南苑），南海子鼎盛时曾筑长达一百二十里的砖墙，其中养有麋鹿，八国联军攻占北京后，南苑遭劫，后为偿还赔款，清廷将其中土地出卖。此碑在20世纪70年代被发现，目前南海子中"昆石双柳"中的碑是仿刻，原碑字迹已漫漶不清。

颐和园绣漪桥碑：立于乾隆二十九年（1764），在今颐和园南如意门绣漪桥附近，刻了二十首御制诗，本是圆明园遗物，多数已难看清。

前湖碑：应立于乾隆二十八年（1763），原在圆明园大宫门前湖。此地本是一片沼泽，乾隆下令疏浚，成功后立昆仑石碑纪念，称："御园之前本无湖，而今疏浚胡称乎。石衢之右地下湿，逐年遭潦水占诸。衢左亦不大高衍，往来车马愁泥涂。"1921年，军阀王怀庆在附近建花园，即达园，将此碑石移入园内。1926年，王怀庆被排挤出京，达园一度荒芜，此碑一度被遗弃在农田，20世纪80年代，海淀区为这块昆仑碑建了御碑亭，安置在达园宾馆中。

戒台寺碑：立于乾隆四十八年（1783），在门头沟戒台寺内的风动松旁，较其他昆仑石碑小。

昆仑碑属"闲碑"，妙在趣味天成。北海碑在中轴线上，是昆仑石碑的原型，最为珍贵，它的石窝中长有一棵桧柏，树龄八十多年，树石相应，被称为"石上古柯"。

究竟谁是"燕京八景"

在今北海公园白塔山东、倚晴楼南，有《琼岛春阴碑》。清代乾隆曾为"燕京八景"分别立碑，其中大多数已不存，此碑是中轴线上保存的唯一一块，堪称艺术精品。

鲁迅曾讽刺说，国人患了"十景八景病"，喜欢将不同的景区归纳成十景或八景。

十景是八景的附翼，而八景之说始于宋代。据沈括《梦溪笔谈·书画》记："度支员外郎宋迪，工画，尤善为平远山水，其得意者，有平沙雁落、远浦归帆、山市晴岚、江天暮雪、洞庭秋月、潇湘夜雨、烟寺晚钟、渔村落照，谓之八景，好事者多传之。"

古人多用屏风，一架屏风是四扇，左右相合，即为八扇。上绘山水，故成八景。

宋迪所绘《潇湘八景图》影响深远，以后南宋禅僧画家牧溪和玉涧、院体画家夏圭等都画过《潇湘八景图》，其中大部分被日本收藏。北宋嘉祐年间（1056—1063），人们据《潇湘八景图》，在长沙建了八景台。南宋宁宗赵扩还曾写过《潇湘八景诗》。

八景是用中国画的视角，对自然景色进行的筛选，主观性较强，历来说法不一。

老北京有两个琼华岛

一般认为，"燕京八景"始于金章宗，即太液秋风、琼岛春云、道陵夕照、蓟门飞雨、西山积雪、玉泉垂虹、卢沟晓月、居庸叠翠。至今已八百多年。

学者李鸿斌在《燕山八景起始考》中提出，直到元大德七年（1303），官修总志《大元一统志》时，才列燕山八景名目，此前提及八景，皆出自元代初期的文人笔记，不见金代记载。至于罗列较详的《明昌遗事》，更是明代的著作。

学者李文辉进一步提出，金朝的琼华岛在今广安门外观音寺一带，并非今天的琼华岛。今琼华岛在当时被称为长松岛，属皇家离宫万宁宫。蒙军攻克金中都时，金皇宫化为焦土，万宁宫未受影响。据《元史·世祖纪》载："至元元年（1264）二月壬子（七日）修琼华岛。"意思是，此时忽必烈将长松岛改称琼华岛。同年，元世祖忽必烈下令，将金朝的琼华岛彻底拆毁，并将其建筑材料，如炉甘石、太湖石、雄黄等，用来建设今天的琼华岛。

炉甘石是一种特殊的石灰石，下雨时，遇水会冒烟。炉甘石的造型不如太湖石，传统园林用它来垫底，形成云蒸霞蔚的效果。从金朝的琼华岛，到今天的琼华岛，路途并不近，沿途有甘石桥，即当年运炉甘石时经过的路段。

此说虽属一家之言，但李文辉提出北海公园的琼华岛是元代才有的，“琼岛春云”不可能成为金朝的“燕京八景”，较有说服力。

金章宗曾在北京西山修建了八大水院：旸台山大觉寺，即清水院；西山妙高峰法云寺，即香水院；西山车耳营西北五里黄普寺，即圣水院；西山金仙庵，即金水院；西山香山寺双井，即潭水院；玉泉山芙蓉殿，即泉水院；石景山香盘寺，即双水院；门头沟仰山栖隐寺，即灵水院。学者高巍认为，这可能是“燕京八景”的来源之一。

乾隆垄断了“燕京八景”的命名权

在元代，“燕京八景”一般是指太液秋波、琼岛春荫、道陵夕照、蓟门飞雨、西山霁雪、玉泉垂虹、卢沟晓月、居庸叠翠。

明代的“燕京八景”是太液晴波、琼岛春云、道陵夕照、蓟门烟树、西山霁雪、玉泉垂虹、卢沟晓月、居庸叠翠。在明代，还有“燕京十景”之说，即增加了南囿秋风、东郊时雨。明代大学士李东阳曾写过《十景》诗。

清乾隆之前，“燕京八景”一般指太液晴波、琼岛春云、道陵夕照、蓟门烟树、西山霁雪、玉泉流虹、卢沟晓月、居庸叠翠。

清张若澄《燕山八景图》琼岛春荫

到乾隆时，"燕京八景"才被官方确定下来，成为今天人们所熟悉的太液秋风、琼岛春荫、金台夕照、蓟门烟树、西山晴雪、玉泉趵突、卢沟晓月、居庸叠翠。

去掉道陵夕照，因为道陵是金章宗陵墓，在今北京南郊房山，明天启年间被掘毁。道陵夕照不仅远离京城，且有名无实。

添入"玉泉趵突"，因乾隆特别喜欢玉泉山的风光，甚至还钦定了玉泉山"十六景"，即廓然大公、芙蓉晴照、玉泉趵突、竹炉山

《玉泉趵突碑》

房、圣因综绘、绣壁综绘、溪田课耕、清凉蝉窟、采香云径、峡雪琴音、玉峰塔影、风篁清听、镜影涵虚、裂帛湖光、云处钟声、翠云嘉荫。

乾隆曾御书《玉泉山天下第一泉碑》《燕京八景之玉泉趵突碑》二碑，在前一碑中，称"水之德在养人，其味贵甘，其质贵轻"，"定以玉泉为天下第一矣"。

既然乾隆钦定了"燕京八景"，民间只好另定"燕京小八景"，即南囿秋风、东郊时雨、银锭观山、西便群羊、西安双塔、石幢燕墩、白塔晴云、西涯晚晴。

想用山水来陶冶情操

八景本为绘画，对这种生活小事，乾隆为何还要干预？

这是因为，乾隆深通理学，与雍正并称为"理学天子"。乾隆认为，程朱理学可以"化民成俗、修己正人"，所以"训饬诸臣精研理学"，还下令将所有书中与朱子言论相违背的，一律删改或禁毁。

乾隆信仰多元，从自身体验中，意识到理学最具包容性，可将神秘主义与理性整合为一体。从理学出发，乾隆试图从万物中"格"出至理，于是，"燕京八景"成了他的解释学试验场。

在《玉泉山天下第一泉碑》中，乾隆写道："泉之于人，有德而无怨，犹不能免讹议焉，则挟德怨以应天下者，可以知惧，抑亦可以不必惧矣。"以水喻人，脑洞颇大。

在《琼岛春阴碑》中，乾隆则题诗：

艮岳移来石岌峨，

千秋遗迹感怀多。

倚岩松翠龙鳞蔚，

入牖篁新凤尾娑。

乐志讵因逢胜赏，

悦心端为得嘉禾。

当春最是耕犁急，

每较阴晴发浩歌。

意思是艮岳虽美，却能亡国，看到"嘉禾"，才让他感到欣慰。所谓嘉禾，即苗壮的禾稻，古人将一禾两穗、两苗共秀、三苗共穗等怪异的稻穗视为丰收的征兆。在美景中不忘耕织，有提醒后世子孙勿耽于游乐、牵挂民间疾苦之意。

山水不只入画，也可陶冶情操。乾隆抢占"燕京八景"的解释权，目的在此。

巨碑背后，藏着皇帝的小心思

"于是宫中苑中，皆有献新追永之地，可以抒忧，可以观德。"
这是《重建寿皇殿碑》上所刻文字，清乾隆十四年（1749）御书。

寿皇殿在今北京景山公园内，是供奉清朝皇家先祖圣容（皇帝
的画像）和御容（后妃的画像）之所，明清两代皇帝去世，会在这
里停灵。

比如顺治皇帝，他去世后，先在乾清宫停灵二十七天，然后移
至寿皇殿暂安。百日后，在寿皇殿前举行火化仪式，此后骨灰继续
存放在这里，直到康熙二年（1663）才移葬清东陵。

《重建寿皇殿碑》极高大，在清代北京的中轴线上，可能是最
高的一块碑，竟有七米多高。从内容看，不过是谈了一下修建过程，
语气平淡，背后却藏着乾隆当年的不少心思。

万岁山为何变成景山了

寿皇殿在景山。景山原名万岁山，据明代刘若愚《酌中志》载："万岁山，俗所谓煤山也，故老云：土渣堆筑而成。"经考古钻探，景山下果然只有碎石瓦砾。

古代习俗，新朝不用旧宫，必拆毁重建。永乐皇帝原计划在明永乐四年（1406）开工营建北京皇宫（紫禁城），但直到永乐十四年（1416）才开工，在此期间，应做了较全面的规划，今天的景山被设为拆毁元朝旧宫殿瓦砾的堆放地。

值得一提的是，景山本是大内镇山，而万岁山原指北海琼华岛。学者王红认为，把万岁山的名字转给景山，可能有两个原因：

首先，明万历七年（1579），琼华岛上的广寒殿倒塌，敕令彻底拆除，不再重建。万岁山因广寒殿而被赐名，没了广寒殿，万岁山名存实亡。

景山北望寿皇殿

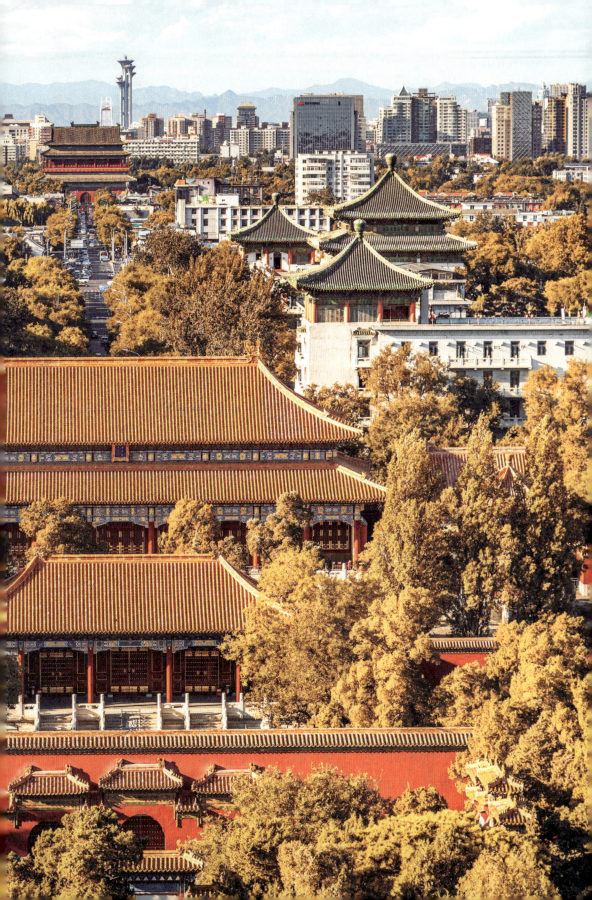

其次，万历十三年（1585），在景山修了一批建筑，万历二十八年（1600），又修寿皇殿，景山的地位日渐重要，所以改称它为万岁山。

清顺治十二年（1655）时，正式定名为景山，沿用至今。

乾隆也会先斩后奏

明代建寿皇殿的目的是祭祖。古人认为："国之大事，在祀与戎。"清代北京时，形成"九坛八庙之制"。

所谓坛，是帝王祭祀神灵之所，九坛即天坛、地坛、祈谷坛、朝日坛、夕月坛、太岁坛、先农坛、先蚕坛和社稷坛。

所谓庙，是帝王祭祀祖先之所，八庙即太庙、奉先殿、传心殿、寿皇殿、雍和宫、堂子、文庙和历代帝王庙。

坛庙体系中，寿皇殿占据突出地位。因奉先殿只能小殓（指为死者穿着尸衣），无法大殓（指把死者装进棺材，一般在死后三天、五天或七天入殓），二者致祭规模完全不同。大殓需在庄重、阔大的场所进行。

寿皇殿初期仅三间大殿，后期不断添建，已成一大片建筑群。可乾隆登基不久，突然提出：明代寿皇殿不在中轴线上，偏离了十多米，不够庄严，应拆除重建。该理由过于牵强，据学者张富强先生钩沉，当时便有大臣上奏提出异议，但乾隆执意不改，工程于乾隆九年（1744）启动，七年后完成。

即将竣工前，乾隆检讨说："甚属草率，所用钱粮太多，着工部会同内务府，将修造之处用过价银务详行查对，确议具奏。"显然乾隆采取了"先斩后奏"的方法，在实际工程中故意超出了预算。在《重建寿皇殿碑》中刻意轻描淡写，或有掩人耳目之意。

碑挺大，字太少

乾隆付出这么大的代价，显然不是因为原寿皇殿偏离了中轴线，而是它建于明代，是明朝皇帝的停灵之地，清朝皇帝依然用它，未免尴尬。此外，寿皇殿中只供奉了康熙、雍正两位皇帝的圣容，而此前的圣容与御容都放在紫禁城体仁阁内。

体仁阁是太和殿的陪衬建筑，是举行博学鸿词科考试和赐宴的地方，把皇家绘像放在这里，有失恭敬。乾隆早有移容的想法，又不知该放在哪里，因此想到重修寿皇殿。

乾隆的做法有一定预见性，清乾隆四十八年（1783），体仁阁因遭雷击发生火灾，此时皇家绘像早已迁走。只是没想到，清光绪二十六年（1900）八国联军侵占北京，日、俄、法军队劫掠了寿皇殿，法军还一度把寿皇殿当成司令部。殿中珍宝、画像所剩无几。

重建后的寿皇殿成为皇帝家祭的重要场所。乾隆帝曾三百零七次来寿皇殿祭祀，光绪帝来过四百二十一次。1924 年 7 月 10 日，末代皇帝溥仪到寿皇殿行礼，这是寿皇殿的最后一次家祭。

在《重建寿皇殿碑》中，乾隆辩解说，重建才"合闭宫之法度也"。寿皇殿富丽堂皇，碑也出奇的高，可乾隆的纪念文章却没写多少字，以至碑上留白不少。

景山里有通"三错碑"

在今景山公园内，有两通石碑引人注目，一是1930年所刻《明思宗殉国处碑》，沈尹默先生书丹；另一是1944年傅增湘撰文（陈云诰书丹、潘龄皋篆额、陈志敬刻）的《明思宗殉国三百年纪念碑》。

两碑距离很近，给游人以强烈误导，以为崇祯皇帝就是在这里自缢的。

崇祯皇帝确实自缢于景山，但究竟在哪里，目前至少有六种说法，如寿皇亭、寿皇殿、巾帽局、山亭、六角亭、红阁等。一般来说，称寿皇亭者较多，山亭、红阁可能是寿皇亭的别称。寿皇亭后损毁，1956年重修。

明崇祯十七年（1644），李自成兵临城下，因北京突发瘟疫，严重削弱了守城明军的战斗力。据史料载，二十万明军能登城的不过六千人，且多为赢弱之卒。明北京内城墙十二千米，外城墙十四千米，就算皇城不布防，每名士兵平均也要守五十米左右，绝无坚持的可能。

三月十八日夜，农民军攻破外城，崇祯带十几名太监逃离皇宫。到齐化门（即后来的朝阳门），守军不认识他，以为有诈，将其射回。转安定门，没想到门闩沉重，太监们无法抬起，崇祯一行只好退回。

三月十九日，农民军入城，遍搜皇宫无果，直到二十二日才在景山发现一具尸体，左手写"天子"二字，经太监辨认，系崇祯无疑。对此说法，史家一直有争议，比如黄云眉先生认为崇祯自缢于北海公园，俞平伯先生则认为崇祯死于管园人的小屋。

清代诗人樊彬（天津人，道光时曾任知县，喜搜罗碑刻，于1885年去世）在《燕都杂咏》中写道：

> 巍巍万岁山，
> 密密接烟树。
> 中有望帝魂，
> 悲啼不知处。

樊彬是道光时人，可见，当时人们已不知崇祯自缢的遗址了。据学者王红梳理，最早称崇祯自缢于槐树上的说法，见于1935年出版的《旧都文物略·园囿略》，称："东麓道旁有古槐一株，为明崇祯皇帝殉国处。"

景山公园《明思宗殉国三百年纪念碑》

　　1931 年，故宫博物院立《明思宗殉国处碑》，请沈尹默先生题字，正值抗战前夜，故将"明"左半边写成"目"，据称是对"日"不屑。1954 年，北京市政府决定从景山公园划出一部分，归北京市青少年活动中心使用。1956 年 1 月，北京市少年宫在寿皇殿成立，此碑在20世纪60年代被砸成两段，一度被当成井盖。

《明思宗殉国三百年纪念碑》于1955年8月根据时任北京市副市长吴晗的批示拆除，原处换成木质说明牌。20世纪60年代，该碑也拦腰断成两截，改作公园内石桌。直到2003年7月被重新发现，于2004年5月7日立于原处。

可能是为了更形象一些，当年立《明思宗殉国处碑》时，还植了一棵槐树，但从留下的老照片看，胸径不过一尺。此时崇祯已去世二百八十多年，不可能生长得如此缓慢，显然不是"罪槐"。

随着移植的槐树长大，游人一度误以为它就是"罪槐"。20世纪60年代中期，"罪槐"枯死，不得不在1971年伐去。1981年，补栽了一棵小树。1996年，可能是为渲染气氛，公园又找了一棵树龄一百五十年的歪脖老树，移栽于此，该树原本是建国门一带的道边树。

显然，《明思宗殉国处碑》有三错，一是立碑的地点是错的；二是虽然书法上可以这么写，但碑上"明"字写法属于不规范用字；三是碑旁的"罪槐"是错的。

第五辑

结尾：从地安门到鼓楼

钟楼　方砚绘

忠臣才当得起的《傅恒宗祠碑》

在北京石刻艺术博物馆中，清代名臣傅恒的《傅恒宗祠碑》异常醒目。此碑原在中轴线附近的傅恒家庙（沙滩北街 15 号，1934年，家庙及府第松公府归北京大学地质馆，后成中国社会科学院法学研究所），碑通高竟达 5.9 米，龟趺也出奇的大，长达 3.65 米。碑侧龙纹均为高浮雕，极尽精美。

碑文是乾隆御笔，惜因磨损，很多字已看不清。大意是傅恒平时表现就很好，在金川之乱的关键时刻，能主动请缨，取得成功，所以"其照勋臣额宜都、佟国维之例，敕建宗祠，春秋致祭，增光俎豆，用奖忠勋"。

在古代，建宗祠是皇帝特权，直到明嘉靖十五年（1536），礼部尚书夏言上《令臣民得祭始祖立家庙疏》，称："臣民不得祭其始祖、先祖，而庙制亦未有定制，天下之为孝子慈孙者，尚有未尽申

《傅恒宗祠碑》

之情……乞诏天下臣民冬至日得祭始祖……乞诏天下臣工立家庙。"突破了朱熹在《家礼》中定下的祠堂规制，得到批准后，"于是宗祠遍天下"。

所谓"额宜都、佟国维之例"，佟国维是康熙三大重臣之一（另二人为明珠、索额图），女儿佟佳氏是康熙的孝懿仁皇后，儿子即雍正时权臣隆科多。佟国维晚年遭贬斥，死后被追授太傅。佟国维曾享敕建宗祠之荣。

据清末学者赵祖铭著《清代文献迈古录》，清代仅四人享敕建宗祠的荣耀，即佟国维、裕亲王福彭、遏必隆和傅恒。赵祖铭所记或误，孔有德、图海、额宜都（常写作额亦都）也曾享敕建宗祠，福彭是亲王，不应在其中。如此算来，不过六人。

乾隆本想栽培别人

傅恒（1722—1770），本姓富察氏，镶黄旗人，清乾隆五年（1740）任蓝翎侍卫。蓝翎侍卫是清代侍卫武官名称，正六品。在清朝常备的侍卫警备机构——领侍卫府（又称侍卫处）中，有蓝翎侍卫九十人，以武进士充任。

八年后，乾隆提拔傅恒任首辅。

在《盛世名臣傅恒述论》（本文多处观点和材料引自该论文，不再一一标明）中，学者李海鸿先生认为，傅恒升迁如此之快，原因有二：

其一，出身世家。努尔哈赤起兵时，傅恒的高祖旺吉努便已率族投靠，担任牛录章京。傅恒的曾祖哈什屯位列议政大臣，祖父米思翰在康熙时任户部尚书，因办事勤恳，颇得康熙认可。傅恒的伯父马斯喀担任过内务府总管，另一伯父马齐"历相三朝"，还有一伯父马武，被雍正称为"圣眷最渥之人"。明珠、索额图败后，马齐、马武受重用，时谚称："二马吃尽天下草。"傅恒的父亲则是察哈尔总管李荣保。

其二，姐姐厉害。傅恒的姐姐是著名的孝贤皇后，与乾隆感情甚笃，乾隆曾写诗说"愁喜惟予共，寒暄无刻忘""一日不见如三月"。孝贤皇后为人朴实，"正位中宫，十有三载，珠翠等饰，未尝佩戴，惟插通草织绒等花，以为装饰"，史称她"殚诚敬以事庭闱，孝同孺慕，抒恪勤而持禁掖，德懋纯修"。清乾隆十三年（1748），孝贤皇后死于南巡途中，正是这一年，乾隆将傅恒提拔为首辅。

乾隆原本重点培养讷亲，讷亲的爷爷是康熙时名臣遏必隆，雍正末期已入军机处。乾隆对鄂尔泰、张廷玉把持朝政不满，用讷亲来抑制他们。乾隆十年（1745），鄂尔泰病逝，乾隆将讷亲提拔为首辅，位列张廷玉之前。

金川一战成名

乾隆是雄猜之主，不会只信任一人。先用讷亲对抗鄂尔泰，鄂尔泰一死，便提拔傅恒，来防讷亲。乾隆提拔傅恒，因其勇于任事、异常勤勉。

乾隆曾说："当大学士鄂尔泰在时，朕培养陶成讷亲；讷亲在时，朕培养陶成一经略大学士傅恒。皆几经教导，几经历练。"

乾隆十二年（1747），大金川土司莎罗"意欲并吞诸蕃"，突然攻打革布什咱、明正二土司（在今四川康定附近），清军遇挫。乾隆派讷亲出征，没想到讷亲出身将门，却无军事才能，致清军惨败。乾隆本不想过多责怪，没想到讷亲谎报军情，乾隆大怒，改派傅恒出征，并赐讷亲用其祖父的遏必隆腰刀自杀。

遏必隆腰刀是清代名刀。遏必隆是受顺治遗诏的四辅臣之一，康熙特赐御府宝刀，即遏必隆腰刀。后鳌拜独断，遏必隆不加阻止，鳌拜被擒后，遏必隆亦下狱，此刀回到清宫。清咸丰元年（1851），咸丰帝赐赛尚阿赴湖南平定太平天国，称"此刀所至，如朕亲临"。赛尚阿败后，转赐徐广缙，但徐亦败，遏必隆腰刀再被清廷收回。

在清朝历史上，遏必隆腰刀曾三次充当尚方宝剑，这是其中的一次。此腰刀目前被故宫博物院收藏。

对于傅恒出征，乾隆多少有些忐忑不安，派头等侍卫达清阿、户部尚书达勒党阿等随行照料傅恒。还多次降谕，令傅恒爱护身体。

傅恒出京后，日行二三百里，马乏时竟步行前进。到金川后，才二十多岁的傅恒亲临一线，"率众步行，至极滑处，将马绳系拉上，一二步即倒，有十数匹坠入山涧"。随从请他上马，傅恒却说："汝等皆系步行我独乘马，心亦不忍。"

在傅恒努力下，清军一改颓势。清乾隆十四年（1749），莎罗请降，第一次金川战役结束。

第一次金川战役是傅恒首次独立指挥的大规模战役，关涉金川地区的稳定，乃至"改土归流"政策的落实。所谓"改土归流"，就是废除原有土司制度，改由中央政府派流官直接管理，以稳定地方，减少边患。明代曾推行，范围较小。清雍正时，开始大规模推行。

乾隆派傅恒出征，意在收拾残局，没想到竟能取胜，虽非全胜，但维护了清廷的面子。消息传来，乾隆立赐傅恒敕建宗祠。《傅恒宗祠碑》即刻于此时，从其形制看，可见乾隆的兴奋之情。

文武双全，倚为干城

此后二十二年，傅恒一直任首辅，南征北战，为稳定边疆做出贡献。

清乾隆十九年（1754），准噶尔部再叛。当年康熙大帝曾经三次亲征未果，雍正也曾派年羹尧出征，差点动摇国本。所以朝中文武皆以西北偏远，反对用兵。只有傅恒"一力赞成之"，并于乾隆二十年（1755）亲率大军，只用三个月，便取得胜利。

乾隆二十七年（1762）冬，缅甸出兵入侵中国云南普洱地区，清军苦战七年，竟未能取胜。乾隆一度产生放弃之念，傅恒"屡请前往"。乾隆大为感动，表示傅恒"实心体国，经画有方，至彼体察形势，所言始为可信"，而"廷臣中更无可当斯寄者"。

乾隆三十四年（1769），傅恒来到云南，组织清军反攻。乾隆写诗给尚在前线的傅恒，竟称："世上谁知我，天边别故人。"

清缅战争期间，傅恒染瘴气致病，病中仍"尤力疾督励兵众，昼夜兼攻"，最终取得全胜。撤兵返回不久，傅恒因病去世，年仅五十岁。

乾隆晚年自评"十全武功"，傅恒主持的平定金川叛乱、平定回部叛乱、征讨缅甸都列入其中。乾隆四次下令绘功臣像于紫光阁，在平定回部叛乱部分，傅恒被列为第一功臣。

傅恒战功赫赫，文治亦勤勉。

乾隆勤政，有军情时，"必遣内监出外问有无报否，尝自披衣坐待竟夕，直机密近臣罔敢退食"。傅恒任首辅后，乾隆每天晚饭后读完奏章，必召傅恒面商，谓之"晚面"，傅恒始终谨慎侍奉。

没少挨乾隆的敲打

学者李海鸿指出，乾隆重用傅恒，但颇有防备。

两淮盐政高恒是慧贤皇贵妃的弟弟，因贪污被判死刑，将行刑时，傅恒求情说："愿皇上念慧贤皇贵妃之情，姑免其死。"乾隆冷冷地说："若皇后弟兄犯法，当如之何？"

傅恒是皇后的弟弟，乾隆用这话来提醒傅恒。

清乾隆十五年（1750），在处理阿克敦应否给俸之事时，各部互相推诿，致乾隆大怒。阿克敦是老臣，为人宽厚，但有些糊涂，三次被乾隆判死刑。孝贤皇后（即傅恒的姐姐）去世时，阿克敦上书中个别措辞不恭，乾隆按"大不敬"，定为"斩监候"。没多久，乾隆赦免了阿克敦，任命他"在内阁学士上行走"（相当于代理内阁）。阿克敦所任都是代理职务，该不该开工资，各部不敢表态。乾隆将都察院左都御史彭维新革职，并将都察院及吏、户、兵三部相关官吏均交部严加议处，有的官员是傅恒推荐的，乾隆便重罚傅恒。

一次御门听政，傅恒略迟，侍卫开玩笑说傅恒体胖，为赶时间，跑了几步，以致呼哧带喘，乾隆皇帝话中有话地说："我看他不是身肥，而是心肥。"

傅恒大惊，忙跪倒在地。

乾隆曾说："傅恒日侍内廷，偶遇小节，朕即防微杜渐，严加教训。"

生活奢侈是短板

宗祠碑都比较高，清代享敕建宗祠的六人中，只有傅恒的宗祠靠近中轴线，其他都在城外。《傅恒宗祠碑》的碑座下承海墁，四角各有一旋涡，中心雕鱼、虾、龟、蟹，喻示"威震四海"，规格甚高。

一方面，傅恒家族显赫，他身后入《清史稿》的，就有二十人。

另一方面，傅恒一生堪称完美，是为臣的典范。中轴线最北端以弘扬文教为主，表彰傅恒家族，是为了让忠臣文化代代相传。

不过，在傅恒之前，乾隆用人强调平衡，傅恒之后，开始倾向独任，终致和珅弄权。清代爱新觉罗·昭梿在编纂《啸亭杂录》时曾说："后和相秉政，果以丛脞为风，以滥为解事，风俗因之日偷，实自傅文忠（即傅恒）有以启也。"

此外，傅恒"颇好奢靡，衣冠器具皆尚华美"，其所居府第"皆王邸制度"。

敢和孔子比肩的张亚子

紫霞遍覆腾九重，
琉璃光灿映帝荣。
皇图悠久社稷隆，
人安物阜年华丰。
圣母弥寿如天同，
宫闱衍庆承帡幪。
七曲朝阳海日红，
帝德万载侑朕躬。

在北京帽儿胡同 21 号，原有敕建护国文昌帝君庙，庙已无存，只留两通石碑。一被砌在房内，不知其内容；另一立在院中，即《御制文昌帝君庙碑》。它通高四米，是清代嘉庆时重刻的明朝成化

明代德化窑白釉文昌帝坐像

御制碑，并添加了一段说明文字。该碑由嘉庆皇帝的老师朱珪撰文，全碑由清朝四大书法家之一的刘墉书丹。

前引诗句，节录自碑上所刻的明宪宗朱见深的御制诗。虽非佳作，却很罕见。

自西夏封孔子为"文宣帝"后，孔子作为"文皇帝"，地位屹立不摇。那么，这个"文昌帝"又是何方神圣？

文昌帝即张亚子，元仁宗延祐三年（1316）被封为"辅元开化文昌司禄宏仁帝君"，亦享受皇帝待遇。元代时，文昌帝庙曾遍布全国各地，明清时，北京文昌帝庙是举子们考前必至祭拜之地。可在史料中，关于张亚子的记载极少，他凭什么和孔子享受同等待遇呢？

从《御制文昌帝君庙碑》中，颇可见端倪。

张亚子本是一条蛇

张亚子即张育，东晋时蜀人，东晋宁康三年（375）自称蜀王，"遣使称藩于晋"，以对抗前秦苻坚，一度包围成都。从起兵到被斩，仅五个月，后人感其抵抗异族，为其建祠。

明明叫张育，为何成了张亚子？

因张育庙在梓潼县（今属四川省绵阳市），这里本有亚子祠。

亚子是什么，至今有争议，可能是当地人信仰的一种蛇神。传说秦国为征服蜀国，曾派五名力士带美女入蜀，以讨好蜀王。过梓潼时，山上有树，化为蛇，将力士与美女统统消灭，以绝蜀王之念。亚子（又称恶子）属民间迷信，在古代，往往被视为淫祀而遭禁。

所以，民众将历史人物张育和亚子结合起来，成了张亚子。

唐至德元年（756）六月，安禄山叛军攻陷长安，唐玄宗逃入四川，曾宿梓潼县张亚子庙，梦仙人托梦，称大唐国祚仍在，安史将灭。不久，果然传来叛军遇挫的消息。唐玄宗很高兴，封张亚子为"左丞相"。

唐广明元年（880）十二月，黄巢大军攻陷长安，唐僖宗也逃到四川，再过梓潼县张亚子庙，回想前朝故事，感慨万分，遂封张亚子为"济顺王"，没多久，黄巢败走。

张亚子庙因两次"灵验"，声名鹊起。陪侍唐僖宗的王铎写过一首《谒梓潼张亚子庙》：

> 盛唐圣主解青萍，
> 欲振新封济顺名。
> 夜雨龙抛三尺匣，
> 春云凤入九重城。
> 剑门喜气随雷动，
> 玉垒韶光待贼平。
> 惟报关东诸将相，
> 柱天功业赖阴兵。

张亚子从地方小神一跃成为全国名神。南宋时，高宗赵构为表示恢复故土的决心，封张亚子庙为灵应庙，南宋后来的皇帝又先后封张亚子为"忠文仁武孝德圣烈王""神文圣武孝德忠仁王"。张亚子成了王，从塑像的造型看，已成武将装扮。

从武将变成了文人

张亚子又是如何从武将变成文人的呢？

宋代之前，中原一直有文昌星君崇拜，但只作为二十八宿之一。古人认为，文昌星君主抓文学，兼职管理寿命，即"司命"。道经《太上神咒延寿妙经》称："若能受此经，延年益算，过度灾厄，寿命延长，拔赎年命，簿中断死。文昌宫中，注上生名。"在民间，文昌星君影响颇大。但宋代之前，文昌星君非人格神。

随着张亚子崇拜异军突起，读书人在参加科考前，也去张亚子庙碰运气。自宋代起，不断有人传说称，拜张亚子庙，科举得成功，以致"凡蜀之士以贡入京师者，必祷于祠下，以问得失，无一不验者"。

于是，文昌星君与张亚子又开始结合。

元代时，张亚子被正式封为帝。明朝初期，曾有"去元化运动"，只要是元朝认定的制度，明朝必改。张亚子于史乏载，竟敢和孔子平起平坐，引起读书人强烈不满，称张亚子祠是"淫祠"，认为除四川梓潼的本庙外，其他地方的文昌庙都应拆毁。

《御制文昌帝君庙碑》原碑立于明成化十三年（1477）。从碑文中可大概推测出，元代建的文宣庙可能已被拆，而明成化帝之所以要"重修"，主要是为"新像圣后皆与于后殿之内"，意思是，在正殿里塑了生母周太后的像。

周太后是北京昌平人，性格强悍，受教育不多，本是明英宗的贵妃，为当皇后，到处诋毁钱皇后，被英宗斥为"谗乱小人"。据明代帝王家法，一帝附葬一后，一般是太子之母。可英宗去世前留下遗嘱，让钱皇后附葬。营建裕陵的官员无可奈何，只好建成一帝两后的格局。

四年后，钱皇后去世，周太后不同意让钱皇后附葬裕陵，引起官员集体哭谏。明代三次大议礼，这是第一次。十八名官员被杖死，八十六名官员遭处理，八人下狱。迫于舆论压力，周太后只好收回成命。

太后与官员关系紧张，成化帝只能两面讨好。重建文昌庙，应是抚慰生母之举。

成化一朝，出了李贤、彭时、商辂等，朝政较清明，后人多视成化帝为明君，但从重建文昌庙中，可见其执拗、反叛的一面。成化帝宠信太监汪直，后来又成立了西厂。

嘉庆皇帝也只好给个面子

文昌庙是明朝皇帝送给太后的礼物，清代嘉庆皇帝何必再凑热闹？

这是因为，明清两代是科举制度顶峰期，读书人为科举成功，几至无神不拜。

比如科考前拜关公，据《神异典》载，明嘉靖年间（1522—1566），考生张春在禅寺读书，见寺中关帝像上有蜂巢，便将其剔去，当晚便梦到关公为他讲授《春秋》，结果"联榜及第，殿试后，张春选入翰林"。从那以后，考前拜关公，已成举子们必行的仪式。到崇祯时，人们甚至称关羽为"关夫子"。

文昌帝的影响也不断抬升，从一个神变成五个——民间给文昌帝额外配了四个随从，即"天聋前导，地哑后随，朱衣掌科甲之案，魁星携点额之笔"，到后来，还出现了"北孔子，南文昌"之说。

文昌影响太大，清帝也不能不给面子，所以决定重修文昌庙，并于嘉庆六年（1801）下谕："京师地安门外旧有明成化年间所建文昌帝君庙宇，久经倾圮碑记尚存。特命敬谨重修，现已落成，规模聿焕。朕本日虔申展谒，行九叩礼。敬思文昌帝君主持文运，福国佑民，崇正教，辟邪说，灵迹最著，海内崇奉，与关圣大帝相同。允宜列入祀典，用光文治。著交礼部、太常寺，将每岁春秋致祭之典及一切仪文，仿照关帝庙定制。"

在《御制文昌帝君庙碑》添加的说明文字中，朱珪写道："命掘地得敕谕原碑，嵌之后殿东廊壁，而此碑则断烂漫灭不可复完，乃依原文补刻以志。"由此看来，砌入墙中的古碑可能是明代原碑，只是文字已难辨。

《御制文昌帝君庙碑》的书丹者刘墉即民间传说的"刘罗锅"，他是山东诸城人，父亲刘统勋是清代名臣，刘墉直到三十二岁才中进士，历乾隆、嘉庆二朝，以八十五岁高龄逝于任上。

刘墉之前，书法多用狼毫，刘墉是较早推崇羊毫的书家之一。

康乾时期，科举书法重欧阳询、赵孟𫖯，要求小楷"黑、厚、圆、光"，所以刘墉早年书风也比较古板，但颇具个性，被赞为"珠圆玉润""如美女簪花"。五十岁后，刘墉书风大变，"劲气内敛，殆如浑然太极，包罗万有，人莫测其高深耳"。七十岁时，刘墉的书艺达到巅峰。康有为称赞说："近世行草书作浑厚一路，未有能出石庵（即刘墉）之范围者。"

《御制文昌帝君庙碑》是馆阁体，老到、刚劲，虽非刘墉的代表作，但刘墉书碑在北京极罕见。此碑留在中轴线附近，堪称压轴之作。

中轴线上的小武当山

武当送岂效前明，

壬癸龟蛇语或诚。

但使佑民即宜敬，

禋宗奚必致深评。

清乾隆二十九年（1764），乾隆帝亲自到帽儿胡同的明代敕建灵明显佑宫（以下简称显佑宫）致祭，并写诗三首，这是其中的第三首，颇有深意。

一些书籍称此诗是写给努尔哈赤所建赫图阿拉（今属辽宁抚顺新宾满族自治县）显佑宫的，不确切。

显佑宫祭祀的是真武大帝。明朝崇真武，朱元璋定都南京时，祭真武被列入十大祭之一，一直传承到明末。清代明兴，自应推翻前朝故事。有儒生提出：真武不见于经典，不过是方士们编出来的迷信，建议废掉显佑宫。

在诗中，乾隆表达了自己的看法：明朝虽亡，道教未亡，只要能护佑百姓，就应尊敬。在诗的末尾，乾隆顺便挖苦了一下明朝皇帝，认为求上天保佑，无须如此耗费人力。

乾隆特意用了"武当"一词，因建显佑宫与重修武当山是同时进行的，明永乐大帝视显佑宫为武当山在京的代表。武当山工程浩大，用人之多，被形容为"踵磨石穿，声号山裂"。

此外，在紫禁城中有钦安殿，也是祭真武。

武当山有真武像，形制巨大，相貌威武，据说模仿了永乐大帝的模样。紫禁城钦安殿也有真武像，比人略高，颇似武当山真武像。至于帽儿胡同的真武像如何，因显佑宫无存，不得而知。

好在《御制重修灵明显佑宫碑》仍在，被故宫博物院收藏，留下重要物证。

玄武是怎么当上大帝的

真武大帝本名玄武，传说中的北方之神，源自远古星宿崇拜。

古人将二十八宿分成东、西、南、北四个部分，以青龙、白虎、朱雀、玄武为代表。古音武与冥同，玄武即玄冥，都是黑的意思。

唐宋时，玄武渐成人格神。道教称，玄武是太上老君的八十二次化身，生于无欲天宫之净乐国，净乐国王后梦见自己吞日而孕，怀胎十四个月始生。

宋真宗时，因称赵家先人是圣祖赵玄朗，尊为社稷神，为避圣讳，玄武改称真武。宋代北方军事压力太大，不得不乞求北方之神真武帮助。宋真宗封真武为灵应真君，此后封号字数不断增加，到宋末，已达二十四字：北极镇天真武佑圣助顺灵应福德仁济正烈协运辅化真君。

元代兴于北方，元世祖忽必烈视真武为"肇基神"，广建庙宇。元成宗时，加封真武为"元圣仁威玄天上帝"，成为北方最高神。

明朝初年建十庙，真武居首，每年三月三日、九月九日致祭，诸王就藩和来朝，都要在端门祭真武，祭品需九头猪、九只羊等。

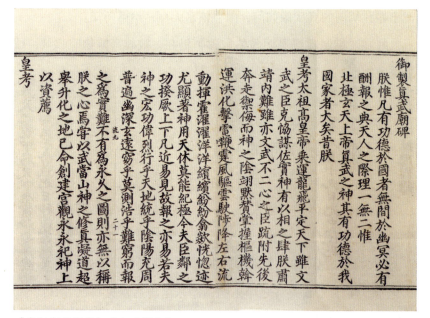

《御制真武庙碑》碑文（部分）

永乐大帝靠篡权起家，特意编出"真武助燕王"的神话，来维护其正统性。明永乐十三年（1415），朱棣下令在帽儿胡同建真武庙（后改名显佑宫），并立《御制真武庙碑》，此碑今已不存，但碑文却被记录了下来。

碑文一上来就说："朕惟凡有功德于国者，无间于幽冥，必有酬报之典。"意思是：能成大事的人，必有神明相助。言外之意，神仙都同意自己当皇帝。在碑文最后部分，朱棣还假惺惺地说："虽然神之佑相于朕者，固不系乎报不报，而朕心之拳拳不已者，故无所用其至，惟尽其诚而已。"

碑上竟然有错字

目前仍存的《御制重修灵明显佑宫碑》立于明成化十五年（1479），照例重复了一番永乐大帝的谎言："太宗文皇帝（即明成祖朱棣）肃将天威，兴师致讨，诛戮群奸，家邦载靖。当其六大战时，所向披靡，亦为神显。"

搞笑的是，《御制重修灵明显佑宫碑》上竟有错字，如"于京城艮隅并武当山各建庙"，艮隅即东北角，可从实际方位看，显佑宫接近北京城正北，略偏东而已（此处参考了网友打鹰洼的博文《明成化"御制重修灵明显佑宫碑"》）。

明孝宗时已有人提出来，礼部尚书周洪谟称："今显佑宫实在都城坎位（都城北隅），不在都城艮位。"周洪谟希望对石碑上的文字加以修改，经"六部、都察院、通政司、大理寺同翰林院会议"讨论，认为"是指摘文字一二异同，非有关朝廷大经大法"，不了了之。

周洪谟挑刺，可能有更深的含义：随着显佑宫影响提升，各方人士借此生事，"内官……荧惑圣听，虐害生民，奏请重修京城庙宇（即真武庙），改号灵明显佑宫，日进邪术"。特别是允许社会闲杂人等进入显佑宫，"频年赍送神像"，"遂使香火之地，几为奸盗之区"。

明宪宗时，下令"仍如例，禁军民、妇女入庙搅扰"。

明代北京除显佑宫外，还有西郊昌运宫、昭应宫等祭真武，香火尤旺。此外还有东安门真武庙、内官监胡同（今恭俭胡同）真武庙、西安门酒醋面局真武庙、沙滩的宝钞司真武庙、琉璃厂真武庙等，仅宛平县境内，便有五座真武庙。

真武大帝越混越惨

清朝入关后，初期对真武信仰持接受态度，但规格降低，只是每年万寿圣节（即皇帝的生日，但为避谶纬术，对外公布的日期是假的。清制，万寿节与元旦、冬至日合称三大节），派遣官员到显佑宫致祭。后康熙经反复考量，认为真武信仰"惑世诬民"，曾写诗批评说：

颓波日下岂能还，
二氏于今自可哀。
何必辟邪犹泥古，
留资画景与诗材。

意思是，真武信仰的影响已经下降，龟蛇（传说龟蛇是真武大帝的腑脏变化而成的天门门将，是真武的守护神）自己都救不了自己，我们也别再迷信，当个闲聊的话题就算了。

乾隆对真武信仰更宽容，他重修了显佑宫。

清代吴长元《宸垣识略》中说显佑宫"庙中丹墀砌石上有文，象梅梢古月，盖旧物也"，乾隆在诗中也提到了这块"梅梢月"古石（石头上天然形成梅花的纹理），但前人记述中均无此石，可能是显佑宫道士为吸引上香，人为制造出来的。

乾隆之后，显佑宫渐衰落，真武大帝也沦落为老北京描金、命相、屠宰等行业的祖师爷。显佑宫原有乾隆的《御制显佑宫诗碑》，本文开头的诗句便刻在上面，今不知流落何方。

在这里，坐看五百年风云

在什刹海北岸，有广化寺。在中国近现代史上，广化寺地位突出，是我国现代图书馆业发祥地之一。从历史记录看，寺中不乏名碑，可惜多已遗失。

习称什刹海之名源于此地原有"十刹九庵一座庙"，即来自广化寺的明万历年间《重修广化寺碑》，上面刻着："都城北域有巨浸，曰什刹海，以环海有丛林十，故名。广化寺者，十刹之一……"

广化寺中的古碑，犹如时光旅行中的地图。

元或明，且看出土文献

广化寺建于何时，曾引起很大争议。有的学者认为是明朝，有的学者认为是元朝。

广化寺山门

据明末清初人周篔的《析津日记》："在日中坊鸡头池上，元时有僧居之，日诵佛号，每诵一声，以米一粒记数，凡二十年，积至四十八石，因以建寺焉。"

元代 1 石等于 57 千克，48 石就是 2736 千克，优质大米千粒平均重 17.55 克，如此计算下来，平均每日即诵 2.14 万声。

周篔本是举子，后开店卖米，"受朱彝尊赏识。为人倜傥不羁，性好施，人有匮乏，辄资给之。后客游四方以终"。此说可能来自周篔搜集的米行旧闻。

20 世纪 60 年代，广化寺僧在大雄宝殿丹墀下种花时，发现残碑两通：其一为明弘治十年（1497）的《敕赐广化寺记》碑，已难辨认，只能看出少数文字："灵济道号大舟，至顺元年（1330）

到庆宁寺住，至顺四年（1333）在此寺住……发愿禁足二十年不出山门，一心念佛回向……十年后成此大刹。为□□阿弥陀佛四十八愿。"

据此碑可确认，广化寺是元代所建。

清与浊，自有石碑见证

明清两代，广化寺多次重修，共出现了 4 通《重修广化寺碑》。其中明万历二十七年（1599）的重修碑是名臣叶向高撰文，周文盛书丹。

据启功先生藏帖，广化寺中本有 3 通《明思宗朱由检书赐曹化淳三碑》，皆已毁。其中明崇祯七年（1634）御笔奖谕司礼监太监曹化淳的《赐曹化淳法书碑》，原碑甚高，仅碑身即 3 米多，一般认为，石碑胡同即因此碑而得名（石碑胡同后被分成大石碑胡同和小石碑胡同）。崇祯御笔非常罕见，碑上字很大，用草书写成，遒劲有力。

崇祯扳倒魏忠贤后，曹化淳负责善后，平反冤案达两千余件，得到崇祯赐碑奖励。

曹化淳曾负责北京地区军事防务，崇祯十一年（1638），在修卢沟桥城堡拱极城时，因筹资多，被崇祯赞为"公清直亮"。明朝灭亡后，曹化淳曾三次上书清顺治皇帝，请求保护崇祯陵墓，并参与了陵墓工程。

然而，清初学者计六奇在《明季北略》中却写道："贼（指闯王李自成）攻西直门不克，攻彰仪门（即后来的广安门）。申刻，门忽启，盖太监曹化淳所开。"《明史记事本末》《国榷》《明通鉴》皆持此说。

曹化淳得知后，留下《被诬遗嘱》，并写了《忽睹南来野史记内有捏诬语感怀》四首。其一为：

报国愚衷罔顾身，
无端造诬自何人？
家居六载还遭谤，
并信从前史不真。

清康熙元年（1662），曹化淳离开人世。在金庸小说《碧血剑》中，曹化淳也被设为反派人物，称他与清朝睿亲王多尔衮私通。幸亏《赐曹化淳法书碑》的拓片仍在，交付后人评断。

《赐曹化淳法书碑》拓本

267

浮与沉，不改名臣风骨

在广化寺中，清咸丰二年（1852）所立《重修广化寺碑》亦引人注目，因撰文与书丹者是晚清名臣徐继畬。

徐继畬是中国近代开眼看世界的伟大先驱之一，曾著《瀛寰志略》。在美国华盛顿纪念碑第十层，留有中文刻石一方，即出自徐继畬之手，称："华盛顿，异人也。起事勇于胜广，割据雄于曹刘，既已提三尺剑，开疆万里，乃不僭位号，不传子孙，而创为推举之法，几于天下为公，骎骎乎三代之遗意。其治国崇让善俗，不尚武功，亦迥与诸国异。余尝见其画像，气魄雄毅绝伦，呜呼，可不谓人杰矣哉。米利坚合众国以为国，幅员万里，不设王侯之号，不循世及之规，公器付之公论，创古今未有之局，一何奇也？泰西古今人物，能不以华盛顿为称首哉！"

这块碑落款时间为清咸丰三年（1853），正好是立《重修广化寺碑》的第二年。

网友飞鸿行走先生于 2011 年春，在北京琉璃厂海王村收到落款为徐继畬的《重修广化寺碑记》手稿，对比原碑，文字出入不少，且落款时间为咸丰元年（1851）。

为什么二者差别如此之大？这与"福州神光寺事件"有关。

清道光三十年（1850）六月，两名英国传教士和医生至福州，在神光寺内租赁房屋，引起当地士绅不满，正在福州养病的林则徐上书地方官，要求驱逐英人。福建巡抚徐继畬主张妥协，被言官弹劾。咸丰元年三月，咸丰帝以"身膺疆寄，抚驭之道，岂竟毫无主见，任令滋扰"，将徐继畬革职，召到北京，亲自质询。

面见中，徐继畬得到咸丰认可。咸丰甚至说："徐继畬乃老诚人，何谓欺诈？"在京期间，徐继畬住在广化寺附近，与住持印法上人往来密切。因宦海浮沉，徐继畬对原稿可能多次增删。

变与守，可见名刹品格

广化寺在清代的最后一次大修，应在光绪年间，据《道咸以来朝野杂记》载："后海北岸之广化寺，古刹中之新者。闻光绪初年残败殊甚，后募化于恭邸，为之重修正院殿宇。至南北院亦整洁，不知何时所建筑，恐非当年之旧，故至今恭王府中人视为家庙。"

恭邸即恭亲王，洋务运动的实际操盘者。广化寺与醇王府关系也很密切，传说广化寺中有一块砖，刻有溥仪的名字。中国最后一个太监孙耀庭晚年就一直住在广化寺。

清宣统元年（1909），张之洞建议："图书馆为学术之渊薮，京师尤系天下观听，规模必求宏远，搜罗必极精详，庶足以供多士之研求，昭同文之盛治。"他建议，在"近水远市"的地方建立京师图书馆（初名学部图书馆）。

辛亥革命后，教育部长蔡元培任命江瀚任京师图书馆馆长，1912年8月27日，正式对外开放。据8月20日《鲁迅日记》载："上午，同司长并本部同事四人往图书馆，阅敦煌石室所得唐人写经，又见宋、元刻本不少。"可能是开馆前陪同视察。

1913年10月29日，因广化寺"湫隘卑湿，不宜存贮图书"，图书馆迁出，几经辗转，于1931年6月迁入位于文津街的新馆，那

《重修广化寺碑》

里曾是乾隆养马处。广化寺旧馆关闭时，教育部下令："迅将所有收藏图书按照目录检查，装箱封锁。其存款帐册，亦应逐一清理，悉交周树人等，接收报部。"

广化寺被占三年多。1933年，古北口长城抗战爆发，广化寺成为伤兵医院，收容伤兵数百人，"除医士聘请外界充任外，其余看护一切勤务膳食等项，俱由比丘充任办理"。

1946年，"鉴于尔来物价腾涨，生活日高，市区学龄儿童多有以学杂费过多或距校址较远，因而失学者颇众"，广化寺办了广化小学，"学生入校学杂各费一概免收"，直到1952年被接收。

虽称出世，却不忘人间关怀。从《重修广化寺碑》中，可知五百年风云激荡，根本处却屹立不摇。

福字碑，一个王朝的梦想与寄托

在恭王府花园中，有《福字碑》，实为刻石，砌在后花园假山的秘云洞中，取意"洞天福地"。民间传说假山呈二龙戏珠的龙首状，是龙脉所在。该"福"字是康熙御笔，已被炒作成"天下第一福"。

本是紫禁城旧物

清代崇"福"。清朝入关的第一个皇帝，即名福临（顺治皇帝）。每年年终和元旦，清宫有"书福之典"，始于康熙朝。

据《啸亭杂录》载："定制，列圣于嘉平朔谒阐福寺归，御建福宫，开笔书福字笺，以迓新禧。"每到新春丑时（凌晨1:00到3:00），皇帝即到养心殿拈香，在东暖阁开笔，一般是写"福"字，赐给王公、重臣、皇子等。雍正后，成为定制。

马宗霍先生在《书林纪事》中说："慈禧太后垂帘当国，亦喜怡情翰墨，学绘花卉，常书福、寿字以赐内外大臣。"

不过，恭王府中的"福"字非"书福之典"所得。

传说清康熙十二年（1673），祖母孝庄皇太后患病，十九岁的康熙据上古"承帝事"的"请续福寿"说（意即皇帝可通过祈祷等仪式，为他人延寿），斋戒三日后，写了这个"福"字。孝庄皇太后果然病愈，康熙便把"福"字刻碑，存于宫中。

据今人解读，此"福"字右半部分与王羲之《兰亭集序》中"寿"字写法相同，即"福中有寿，福寿双全"，但《兰亭集序》中无"寿"字，且此写法在草书中多见。字形偏长，是否有"长瘦福"（谐音长寿福）意，亦难断。不过，古人所言五福（寿、富、康宁、攸好德、考终命）中，确含"寿"。

康熙一生题字不多，北京城内仅留两处，一是紫禁城交泰殿上"无为"二字，另一即《福字碑》，"无为"匾上无印章，《福字碑》上却有康熙印章。

恭王府中藏了一万个福

传说恭王府的建筑中暗藏九千九百九十九只蝙蝠，比如花园中的湖即呈蝙蝠状，与《福字碑》恰好凑成万福。恭王府的许多窗户呈蝙蝠形，都是倒过来的，取意"福到"，和古代药铺的招幌很像，这些招幌也是倒挂的蝙蝠形，下有两条龙鱼状木牌，意为"福到痊愈"。

在《乐道堂文钞》中，恭亲王写了对福的理解："吾所谓福者，

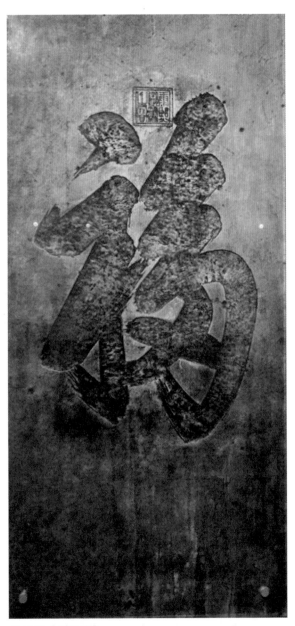

恭王府《福字碑》

不必卜于天，而实验之于民……所谓国之福者，岂一人之福哉？书曰：民为邦本。民之安全，国之福也。"

恭亲王是道光皇帝的第六子，最有才华，但道光最终选了第四子奕詝继位，即咸丰皇帝。

对此选择，一般人们引用的是这条史料：道光二十六年（1846）三月，皇帝校阅南苑，诸皇子皆从，恭亲王奕訢获禽最多，文宗（即后来的咸丰皇帝）未发一矢。问之，对曰："时方春，鸟兽孳育，不忍伤生以干天和。"道光大悦，曰："此真帝者之言！"立储遂密定。

这条史料是否准确，还有争议。

在《道光遗诏》中，立奕詝为皇子，同时立奕訢为亲王。这是清朝唯一一份同时写了两位皇子姓名的遗诏。在咸丰朝，恭亲王一直被打压，咸丰死后，恭亲王与慈禧联手，开创"同治中兴"。

《福字碑》也曾历尽沧桑

《福字碑》原在紫禁城，为何流落到恭王府？

一般认为，和珅因其灵验，将它移至私宅。恭王府本是和珅旧宅，和珅被判罪时，第十三大罪便是"其园寓点缀，竟与圆明园蓬岛瑶台无异，不知是何居心"。

和珅被查抄后，"先售陈设古玩器，次售假山石，次拆门窗售清之。未一二年……全园已犁为田"。

后来花园被赐给乾隆的第十七子永璘，入住前，内务府按郡王府规制，加以改建。此时乾隆最宠爱的女儿固伦和孝公主还活着

（她嫁给了和珅的儿子丰绅殷德），永璘只占了多一半府邸，另一半留给公主住。

永璘去世后三年，固伦和孝公主也去世了，永璘的儿子绵慜才占了全部府邸，他向吏部报告："府中有毗卢帽门四座，太平缸五十四件，铜路镜三十六对，皆非臣下应用之物。"如此守制，为何不把《福字碑》交出呢？可见，《福字碑》是通过合法途径进入恭王府的。乾隆喜碑刻，曾与和珅一起欣赏古碑，曾赐给和珅《兰亭八柱帖》《兰亭图》《赵孟坚兰亭墨刻》《石鼓文拓片》等拓片。

清代崇拜福，《福字碑》承托着一个王朝的梦想，结果它却见证了沧桑变迁。

在老北京城中寻找赵孟頫

赵孟頫是中国历史上的"楷书四大家"之一，以书画名世。

据清末叶昌炽《语石》中说："宋人书长于简札，而不宜于碑版，至赵文敏（赵孟頫）出，重规叠矩，鸿朗庄严，奄有登善（褚遂良）、北海（李邕）、平原（颜真卿）之胜，有元一代丰碑皆出其手。前贤谓韩（韩愈）'文起八代之衰'，余谓赵书亦起两宋之衰。"

赵孟頫本宋代宗室，南宋时曾任参军，元灭南宋后，得到元世祖忽必烈欣赏，任翰林侍讲学士、荣禄大夫等。

虞集称赵孟頫："楷法深得《洛神赋》，而揽其标。行书诣《圣教序》，而入其室。至于草书，饱《十七帖》而度其形。"赵孟頫存世书法作品仅百余件，碑刻却有二百零八件（有些碑已不存，仅留帖）。

赵孟頫对自己的书法很自信，晚年写诗说："齿豁童头六十三，一生事事总堪惭。唯余笔砚情犹在，留与人间作笑谈。"

赵孟頫在京生活多年，但北京城中仅存两碑，其一《皇庆元年崇教大师演公碑》在中轴线附近的护国寺内，另一《道教碑》在朝外神路街东岳庙内。

护国寺堪称古碑博物馆

护国寺，元代称崇国寺，据《顺天府志》："护国寺，旧称崇国寺，元僧定演建也。"定演俗姓王，生活于金末元初，今河北省三河市人，七岁入大崇国寺，拜善选为师，后被任命为崇国寺住持。

元灭金时，崇国寺毁于兵火，后定演获元世祖赐号"佛性圆融崇教大师"，元至元二十一年（1284）前后，元世祖赐地，在元大都内重建崇国寺。明成化八年（1472）重修时，改名大隆善护国寺。明末清初时，该寺再度毁于兵燹，清康熙六十一年（1722）重修后，正式定名护国寺。

护国寺经历代修造，到清代时，已是五进院落。寺内除供佛教诸佛祖外，还有元丞相脱脱夫妇塑像和名臣姚广孝影堂。另有葡萄园数亩。

自元代起，寺内名碑林立。据清末民初陈宗蕃的《燕都丛考》载，寺内曾有元碑四块，并有一碣。另有明碑七块，此外还有五块清碑（其中两块是藏文碑）。其中最著名的便是赵孟頫的《皇庆元年崇教大师演公碑》和危素的《至正二十四年隆安选公传戒碑》，后者碑已无存，好在危素是著名学者，在他的个人文集中，保留了碑文内容。

清末唐晏（一般署为震钧，是唐晏的原名。唐晏出身于八旗官宦世家，曾在京师大学堂执教，辛亥革命后长住南方，诗书画皆长）在《天咫偶闻》中说："隆善护国寺，俗称护国寺，即元之崇国寺……月七、八有庙市，与隆福寺埒（音如猎，意为等同），而宏敞过之。"

清代末年，护国寺屡遭火灾，重修不及，遂致破败，晚清樊彬在《燕都杂咏》中叹息道：

> 萧条古寺太荒凉，
> 惹惊沧桑漫断肠。
> 皆因当年一把火，
> 枯木残碑泣夕阳。

这块碑可以写进书法史

至于赵孟頫的《皇庆元年崇教大师演公碑》，拓片被多处收留，原碑如何，不得其详，学者金丽娟在 2016 年的硕士论文《赵孟頫碑刻书法的整理和研究》中，留下信息是"石存，待访"。

《皇庆元年崇教大师演公碑》在赵孟頫书碑中，地位特殊。此时赵孟頫已五十八岁，进入创作的中晚期。

一些书家认为，赵孟頫二十多岁时的书法是巅峰，被视为"神韵自然"，以后有所退步。但也有一些书家认为，四十岁后，赵孟頫才越写越精彩。

元赵孟頫崇国寺演公碑拓片（局部）

明代宋濂提出赵孟頫书法"三段论"："赵魏公（即赵孟頫）之书凡三变，初临思陵（即宋高宗赵构），中学钟繇及羲、献，晚乃学李北海。"《皇庆元年崇教大师演公碑》恰好印证了宋濂的观点，用笔圆转、笔势流畅，大有李邕风格。

赵孟頫早年书法以秀丽著称，六十岁左右则老辣厚重，一扫柔媚之气。《皇庆元年崇教大师演公碑》是足以写入书法史的一块名碑。

还有一块碑流落他乡

老北京城内原本还有一块赵孟頫的书碑，也离中轴线不远，即《元大都路总治碑》。元皇庆二年（1313）十月，该碑立于大都路总管府公廨（清代为顺天府尹署），即今天的谢家胡同。

此碑的碑阳由翰林学士王构撰文、集贤大学士刘赓书、刑部尚书王泰亨篆额，碑阴则是著名散曲家张养浩撰文、赵孟頫书并篆额。

　　据碑文载，原衙署长期被其他部门所占，只能借民宅办公，致案卷积压如山，到元至大元年（1308），经元武宗批准，向周姓居民购宅地十九亩，建了新衙署。此地靠近十字路口，而元代称十字路口的拐角处为"角头"，后讹为交道口。

　　该碑在民国初尚在北京，不知为何流落到天津，据 1936 年 7 月 10 日《河北博物院画刊》称，该院已将其收藏。

贤良永在，此处存英魂

"朕惟国家钟昌隆之运，诞降贤臣；宇宙成熙皞之风，端资良弼。故徽声丰播，旗常铭勒于生前，而元祀攸崇，俎豆歆承于身后。用以宠褒已往，劝励方来，所由沛殊恩、举旷典也。"在《御制贤良祠碑》上，清代雍正帝这样写道。

贤良祠位于现地安门西大街 103 号旁门，离今北海公园后门不远，是清廷当年为表彰功臣而设。

善待身后，青史留痕

清朝鼓励官员的机制繁复，仅"身后之荣"便包括：

配享太庙：只有立下奇功的大臣才能享受这样的荣耀，整个清朝仅十四人入选，张廷玉是唯一汉臣。

紫光阁图绘功臣像：此举始于西汉宣帝甘露三年（前 51）。清顺治十二年（1655），郑献亲王（济尔哈朗）"薨于位，遗言劝上以统一四海为念。上哀恸，诏图像宫中"，这是清代图绘功臣像之始。乾隆时最盛，同治、光绪时，曾绘僧格林沁像于紫光阁。可惜八国联军占领北京时，"敌兵阑入撕裂而焚毁之"，以致"百无一存"。

立专祠：奖励有战功者，清末僧格林沁、左宗棠、曾国荃、李鸿章等都曾御准建专祠。

贤良祠：入祠标准是"持躬正直，奉职公忠，树绩建勋，完名全节者"，各省皆设贤良祠，所以入京师贤良祠的多是京城高官，各省督抚很少入祠。

昭忠祠：为纪念阵亡将士而建的祠，仅雍正一朝，就有将帅、官吏一千五百余人进入该祠，附祀的兵丁共一万零三百余人。后改成各省自修昭忠祠，只有文官三品以上、武官二品以上及八旗可入祀京师昭忠祠。

在这些奖励方式中，贤良祠规格较高，入选标准严格。大臣死后，由皇帝批准，才能进入。据《清史稿》记载，共一百七十八人入祠，但一般认为，实际仅一百七十七人。

具体为：皇太极时期三人、顺治朝七人、康熙朝三十五人、雍正朝十三人、乾隆朝四十三人、嘉庆朝十二人、道光朝十四人、咸丰朝六人、同治朝十一人、光绪朝二十九人、宣统朝四人。

贤良祠不是保险箱

有几名已入贤良祠的臣子，后来又被撤出，即：

鄂尔泰：雍正时权臣，清乾隆十年（1745）入祀，乾隆二十年（1755）被撤出。因鄂尔泰的侄子鄂昌与胡中藻相善，胡中藻是鄂尔泰的门生，乾隆偶读胡中藻诗，见其中有"一世无日月""又降一世夏秋冬""一把心肠论浊清""斯文欲被蛮"等句，勃然大怒。乾隆下令将胡中藻凌迟处死，并下谕："鄂昌身为满洲世仆，历任巡抚，见此悖逆之作，不但不知愤恨，且丧心与之唱和，引为同调。其罪实不容诛。"命其自尽，并将鄂尔泰的牌位撤出贤良祠。

和琳：权臣和珅的弟弟，骁勇善战，以书法见长，在平定贵州石柳邓发起的苗民起义中染病身亡，终年四十二岁，谥"忠壮"，配享太庙。和琳去世时，和珅曾写悼亡诗，称："看汝成人瞻汝贫，子婚女嫁任劳顿。如何又为营丧葬，谁是将来送我人。"嘉庆帝扳倒和珅后，也剥夺了和琳配享太庙和入祀贤良祠的资格。

于敏中：曾任首席军机大臣，在朝四十二年，死后谥"文襄"。死后六年，浙江巡抚王亶望、陕甘总督勒尔谨的贪腐旧案败露，经追查，幕后元凶是于敏中，因此将其撤出贤良祠。

贤良祠不是贤良寺

需要注意的是，贤良祠与贤良寺不是一回事。

据学者王彦章先生考证，贤良寺在"东安门外帅府胡同"，是怡贤亲王允祥（即胤祥，康熙第十三子，在雍正夺取皇位中出力甚多，

贤良祠西侧御碑亭

后成为雍正的重要助手，被封为铁帽子王，是清朝第九位铁帽子王，为避雍正胤禛的讳，改为允祥）故邸，允祥生前"常留意空宗"，有意捐出建寺，去世后，雍正满足了他的愿望，建成贤良寺，另辟他地为允祥后代建王府。

清乾隆十二年（1747），贤良寺迁往金鱼胡同南侧重建。因离皇城甚近，外地来京官员喜在此暂住。

清同治九年（1870）九月，时任两江总督的曾国藩到京拜见慈禧太后和同治皇帝，他在日记中写道："进城，走七里许，至金鱼胡同贤良祠（曾国藩此处误写，应为寺）居住。"

梁启超在《李鸿章传》中称："李鸿章之在京师也，常居贤良寺。盖曾文正（即曾国藩）平江南后，初次入都陛见，即就居于此。"光绪二十七年（1901）11 月，李鸿章在贤良寺病逝。

1917 年 6 月，康有为、沈曾植同住在贤良寺，策划了"张勋复辟事件"。

至于贤良祠，则是国家祭祀之所，春秋两祭，皆有正式祭祀仪式，以"俾世世为臣者，观感奋发，知所慕效"。

清末之后，贤良祠文物损毁严重，所存者交故宫博物院保管，目前尚有两碑亭，立《御制贤良祠碑》，一为汉文，一为满文，内容完全一样。在北京城内，雍正御制碑现存极少，每块都很珍贵。

两块石碑，背后藏着大历史

"尔道录司左正一兼大德观住持孙道玉，蚕游方外，聿追清净之风，久视域中，深悟玄中之道，为道流之领袖。"在烟袋斜街上，有广福观，观中仍存明代古碑两通，一为《天顺诰敕碑》，一为《成化诰敕碑》，内容近似，都是令孙道玉"掌道教之事"。前引内容来自《天顺诰敕碑》。

清代雍正曾重修广福观，易名孚佑宫，民国时恢复旧名（广福观）。观中仍存清光绪九年（1883）《重修孚佑宫山门碑》，此外还有一通古碑，已无法识读。观中尚有一些碑座，碑身已失。

在建筑上，广福观有两大谜：

首先，东西配殿有斗拱，正殿却没有，正殿的等级居然没有配殿高。

其次，正殿外面是清代等级最高的"金龙和玺"彩画，里面却

广福观古碑两通

是低一等的旋子彩画。

在历史上，广福观还有一大谜：1923 年 7 月 16 日，溥仪令太监出宫，许多太监最后去了不起眼的广福观。

要解开这些谜，只能从古碑入手。

扑朔迷离孙道玉

关于孙道玉的史料很少，可在《成化诰敕碑》上，他却有多达十六字的封号。

孙道玉的老师很有名，是道教东华派重要传承人周思得。自南宋起，东华派由宫廷走向民间，到明代时，社会影响极大。据明代刘侗、于奕正的《帝京景物略》载："永乐中，道士周思得行灵官法，知祸福先，文皇帝（即朱棣）数试之，无爽也。"

所谓灵官，是道教的护法尊神。道教有五百灵官之说，最著名的是王灵官，具有"火眼金睛"之能。灵官法一般指未卜先知术。

明永乐十八年（1420），朱棣在宫城西建天将庙，交周思得住持。明宣德五年（1430），御赐名大德观，并予扩建，在今砖塔胡同。明嘉靖三十年（1551），立《御制营建大德显灵宫碑》，此碑仍在，被北京石刻艺术博物馆收藏。

除担任大德观住持外，后来周思得还兼任朝天宫住持。朝天宫是皇家道场，还是明朝管理道教的机构——道录司的办公地。

作为周思得弟子，孙道玉也在道录司任职，到明英宗天顺时期（1457—1464），应该已成为道录司的负责人。

明朝为什么要设道录司

早在明洪武元年（1368）七月，朱元璋定鼎南京仅一个月，便接见了道教正一派掌门张正常，对道教中"天师"这一称呼提出质疑："至尊惟天，岂有师也？以此为号，亵渎甚矣。"

此后，明廷只称"真人"，不称"天师"。

朱元璋吹毛求疵，因他少年时曾入寺为僧，深知元末统治者因迷信而亡国，且宗教信仰常对抗皇权。信众不生产、不交税，有碍生产力发展，许多罪犯假装皈依，躲避法律制裁。

明洪武五年（1372），朱元璋下令："令府州县止存大寺观一所，并其徒而处之，择有戒行者领其事。若请给度牒，必考试精通经典者方许。又以民家多女子为尼姑、女冠，自今年四十以上者听，未及者不许。"

意思是，各州县只留一座寺庙，出家有名额限制，"每府僧道各不过十名，每州各不过三名，每县各不过一名"。想当僧人、道士，考试通过才能拿上岗证（即度牒），当尼姑、女冠（即女道士），必须四十岁以上才行。

明洪武十五年（1382），明廷正式成立道录司，谁想当道士，先到道录司考试。

明永乐五年（1407），浙江一千八百多人私自剃度，明成祖下令全部编入军籍，发配边疆。

明宪宗的大转弯

如果明代一直严控，孙道玉不大可能出头。偏偏到明宪宗时，风向变了。

明宪宗是明英宗的儿子，英宗因土木堡之变被俘，一年后，瓦剌将他送回，他的弟弟明代宗已当上皇帝，又把英宗软禁了七年。后英宗发动政变，重新夺回皇位。

作为明英宗的儿子，明宪宗童年异常颠沛，导致说话口吃、性格自卑。明宪宗登基后，特别痴迷道教。

其一，他的父亲明英宗寿仅三十七岁，使明宪宗对长寿充满渴望。

其二，明宪宗子嗣不旺，急于建储。

其三，明英宗也崇道。

一登基，明宪宗便封张元吉和孙道玉为真人，《天顺诰敕碑》就是这样落到广福观的（此时道录司已迁至广福观）。天顺是明英宗年号，可见立碑时间与明英宗去世是同一年，明宪宗未免太心急。

没多久，张元吉祸害百姓、无恶不作的行为败露，群臣要求予以剐刑，明宪宗只从轻处理为"充军"。一方面，不想被臣子挟持；另一方面，他对长寿药、房中术仍有期待。

孙道玉虽受封，并主持道录司，但与张元吉比，似乎比较安分，很少遭指摘。他的下一任李孜省不断进呈邪术，得到宠幸。明宪宗才活了四十岁，明孝宗继位后，李孜省"伏诛"。

规格不够彩画补

这段历史在两个方面改变了明朝：

首先，僧道管理失控。明成化后期，年发放度牒达一万张，官方定价每张十二两，但民间已炒作到"数十百两"，政府甚至靠发度牒来筹资、赈灾，引发社会混乱。

其次，官员任用失范。明朝任官，需经吏部考核，再报皇帝批准，可明宪宗用封"传奉官"的方式，跳过了这一流程。表面看，"传奉官"都是为皇家服务的低级人员，如匠人、文书、宗教人士等，可到明宪宗后期，"传奉官"越封越多，许多道士成了"传奉官"，他们出入宫禁，私结党羽，干预朝政。

清代吸取明代教训，加强度牒管理，严防道士干政。这就可以揭开广福观建筑上的两大谜团：

首先，清代重修广福观正殿时，刻意降低其等级，甚至低于明代的配殿。

其次，古代建筑需遵守礼制，正殿规格不应低于配殿，可能是为弥补此缺憾，在正殿外部采用了最高等级的彩画。

全宫太监都成了老道

清廷刻意压制道教，但随着时间推移，也逐渐松动。据学者尹志华先生在《清末太监与道教》一文钩沉，在晚清宫中，道教卷土重来，影响力惊人。

明代宫廷有汉经厂、番经厂、道经厂，由太监充任僧人、喇嘛和道士，清代初期依然如此。后道光皇帝下令，除太监喇嘛，其他一律出宫。

可到慈禧时，道教在紫禁城中的影响力再度提升。据清末民初笔记《慧因室杂缀》说："清慈禧后所宠用之内监，其先为安德海，后则印刘、李莲英、小德张三人。印刘之宠眷，实在张、李之上，以其早死，声名遂不甚昭著。"

印刘即刘德印，在白云观皈依，师父是张宗璿。张本在南阳玄妙观任住持，太平军攻南阳时，张全力协助清军，得到朝廷赏赐，进京领赏时，被白云观留为住持。

刘德印入教后，"凡见有旧庙废祠，无不力任筑削，务使气象重新，计共修寺观三十余所"，在太监中发展了一大批弟子，挂名各观。较著名的有蓝靛厂立马关帝庙、地安门外清净寺、翠微山双泉寺等。因弟子数百名，刘甚至另创霍山派。

在刘德印的弟子中，有大太监崔玉贵、小德张。不过小德张从不穿道袍，也不蓄发，不念道经，晚年又皈依佛教了。

晚清著名太监信修明曾说："全宫太监都成了老道。"据传说，慈禧也皈依了道教，在白云观受方便戒（不用亲自到场，由李莲英代受），道号广仁子。

清代也有道录司，但刘德印等人入教，肯定未经考试。

作为京城著名道观，溥仪让太监们出宫时，很多人选择了广福观。这段曲折的历史已渐被人们遗忘，好在还有《天顺诰敕碑》《成化诰敕碑》，隐约透出历史深处的消息。

在中轴线最北端，遭遇梁诗正

"皇城地安门之北，有飞檐杰阁翼如焕如者，为鼓楼。楼稍北，崇基并峙者，为钟楼，其来旧矣……二楼相望，为紫禁后护。"这是中轴线最北端的古碑《御制重建钟楼碑》中的词句，书丹者是有"清代书法不可逾越的高峰"之称的梁诗正。

梁诗正是乾隆的老师，传说他曾让乾隆当书童，乾隆称赞梁的书法为"庄雅雍容，自然合节"。

有趣的是，在《御制重建钟楼碑》背后，竟刻了另一篇文章，即 1924 年薛笃弼撰文、许以栗书丹的《京兆通俗教育馆碑》，文风陡变，称："馆之上曰明耻楼，陈列国家失败之史，以启国人爱国之心。"

一缓一疾，相映成趣，呈现出不同时代背景下，人们对文化的不同认识。

钟楼南侧《御制重建钟楼碑》

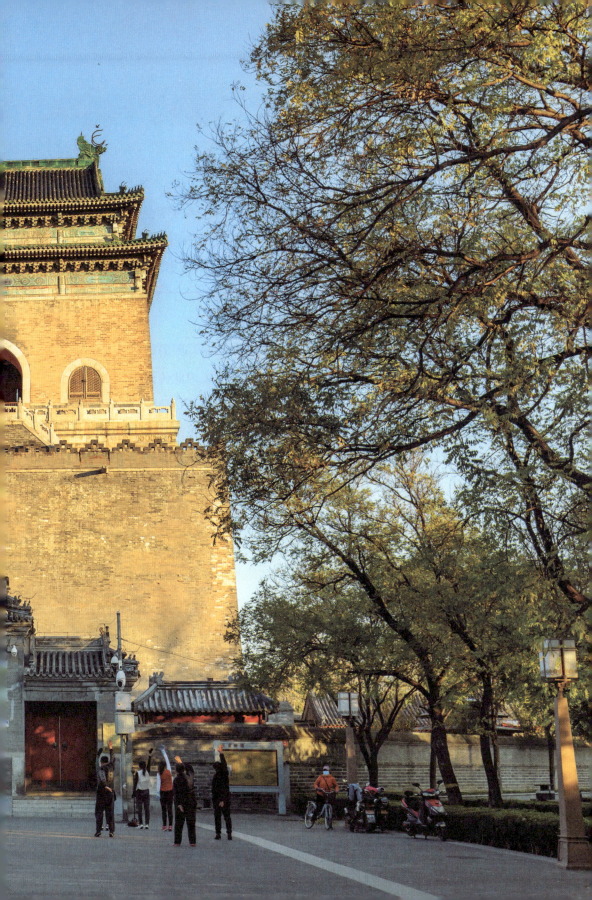

盛世从来求雍容

梁诗正（1697—1763）是杭州人，五岁才能说话，十一岁才学会写文章，三十四岁却在科举中取得探花（第三名），入翰林院任编修。

在翰林院工作四年后，雍正现场试诗，梁诗正被选入上书房，成了乾隆、诚亲王允祕、和亲王弘昼的老师。当时乾隆已二十四岁，所以乾隆说："彼时余学已成，名为师，而实友。"

一次梁诗正帮乾隆写大字，恰好雍正到，命他继续写，因墨染衣袖，雍正让乾隆帮梁诗正托衣袖，乾隆欣然从之，后人因此传说"乾隆给梁诗正当书童"。梁诗正一直珍藏着那件衣服，准备"他时服以就木，庶存殁志君恩也"。意思是，死后穿这件脏衣服下葬，表示感恩皇帝。

乾隆即位后，梁诗正是"五词臣"之首，一直在朝中任职，却政绩寥寥。

梁诗正曾建议开荒地养多余旗兵，主张"持盈保泰"，即政府保持入超，均未切中实务，所以乾隆说："（梁诗正）供奉内廷，不过笔墨之事。"

梁诗正一生平稳，乾隆二十八年（1763）逝于任上，终年六十七岁。身后入祀贤良祠，乾隆还拨了一千两白银帮他料理丧事，以全二人多年友谊。

《御制重建钟楼碑》立于乾隆十年（1745），碑文的文辞雅驯，却不易懂。与中轴线最南端的《御制燕墩石碑》一样，也采用了亦文亦诗的形式，彼此呼应。

通俗教育并非新事

乾隆后，清朝日渐衰落。清光绪二十六年（1900），八国联军占领北京，钟鼓楼亦未能免灾，鼓楼上报时的鼓均被刺刀戳破。

危机之下，自强的呼声越来越响亮。

据著名戏曲作家翁偶虹回忆，1924年，薛笃弼任京兆尹，"鼓楼各层，修葺一新，改名'京兆通俗教育馆'，陈列各种模型图片，宣传吸食鸦片之害、赌博之害、随地粪便之害、蚊蝇之害，移风易俗，颇益民生"。

薛笃弼是山西人，生于光绪十六年（1890），与鹿钟麟并称冯玉祥的"左右手"，在民国时曾任内务次长、卫生部长、水利部长等职。

通俗教育馆始于北宋，是用现场讲演方式，向普通民众传授新知识、新观念。清代时，要求民间立乡约，每月听两次演讲，初期是《六谕卧碑文》，后改成《康熙圣谕》，雍正时又改成《圣谕广训》。

光绪三十二年（1906），学部奏定《劝学所章程》，列出三十二种宣讲书目，既有《圣谕广训》，也有《奏定巡警官制章程》《养正遗规》《训俗遗规》等，还有《国民必读》《民教相安》《欧美教育观》，乃至《劝不裹足浅说》《致富锦囊》，还有《鲁滨孙漂流记》《黑奴吁天录》等外国小说。

一块碑看懂文脉传承

清朝灭亡后，各类演讲开始普及。1915年8月，江苏省成立了中国第一家通俗教育馆，近似于后来的文化馆，到1931年时，全国已有民众教育馆九百所。

薛笃弼把鼓楼改名为"国耻楼"，将八国联军损毁的文物公开展览，以唤醒人们的爱国意识。此外，在鼓楼上设了图书馆，并办通俗教育馆，后改名为"市立第一民众教育馆"。

薛笃弼还在钟楼上开设"民众电影院"。该影院票价便宜（有时只需五分钱），但服务态度差，场内小流氓也多。1948年7月，大量东北学生进入北京，"强迫无票进场，扰乱民众深巨"，影院持续亏损，于1949年1月停业。

1949年后，第一民众教育馆迁出钟楼和鼓楼，石碑却留了下来。从《京兆通俗教育馆碑》中，颇可体会前贤的担当、焦虑与责任感，其背后的真诚，直与《御制重建钟楼碑》相接。

曾经斯文，也曾经激烈，是文脉传承的一体两面。

参考书目

［1］ ［加］王贞平:《多极亚洲中的唐朝》,上海文化出版社 2020 年版。

［2］ 尹一梅:《清御书处镌碑刻帖事务述略》,《故宫博物院院刊》2017 年第 1 期,第 99—162 页。

［3］ 中国第一历史档案馆:《乾隆朝毁禁去思德政碑档案》,《历史档案》2020 年第 2 期,第 4—20 页。

［4］ 卢蓉:《中国墓碑研究》,苏州大学 2013 年设计艺术学专业博士论文。

［5］ 王文广:《中国古代碑之设计》,苏州大学 2012 年设计艺术学专业博士论文。

［6］ 关永礼:《追踪寻迹说北京"五镇"》,《寻根》2013 年第 6 期,第 101—105 页。

［7］ 杨乃济:《燕墩》,《紫禁城》1988 年第 4 期,第 27 页。

［8］ 朱满良:《辽代经幢的类型、内容及其对人生的终极关怀》,《西夏研究》2016 年第 11 期,第 88—94 页。

［9］ 潘静如:《赛金花之墓的成与坏》,《粤海风》2016 年第 6 期,第 36—43 页。

［10］ 陶然亭公园志编纂委员会:《陶然亭公园志》,中国林业出版社 1999 年版。

［11］ 李国娇:《铁保之政绩与文化成就研究》,辽宁大学 2016 年中国史(古代史方向)硕士研究生论文。

［12］ 张青仁:《"井"字里外各不同:区域社会史视野下北京相会的形成与分化》,《史林》2015 年第 5 期,第 10—17 页。

［13］ 陈巴黎:《从碑刻资料看北京东岳庙的香会组织》,《北京档案》2012 年

第 2 期，第 48—50 页。

［14］ 陈倩:《〈正阳桥疏渠记〉碑与天桥地区的环境变迁》,《社会·经济·观念视野中的古代中国国际青年学术会议暨第二届清华青年史学论坛论文集下》2010 年，第 1008—1016 页。

［15］ ［日］中田源次郎:《法源寺考》,《佛学研究》2013 年总第 22 期，第 186—205 页。

［16］ 张红叶、顾军:《北京湖北籍会馆的变迁》,《北京档案》2016 年第 9 期，第 50—52 页。

［17］ 王谋寅、范平:《道教教义对清代工商业习惯法的影响》,《史学月刊》2012 年第 12 期，第 46—54 页。

［18］ 周华斌:《北京精忠庙及戏曲壁画考述》,《中华戏曲》2010 年 9 月，第 1—17 页。

［19］ 武亚军:《清代北京梨园会馆会址考》,《戏剧文学》2015 年第 3 期，第 138—141 页。

［20］ 康保成:《中国戏神初考》,《文艺研究》1998 年第 2 期，第 43—54 页。

［21］ 王文瑞:《精忠庙及精忠庙事务衙门》,《文史知识》2014 年第 4 期，第 86—91 页。

［22］ 崔金生:《北京名校金台书院》,《北京档案》2003 年第 9 期，第 50—51 页。

［23］ 赵连稳、韩修允:《顺天府尹在金台书院文化传播中的作用》,《北京理工大学学报（社会科学版）》第 15 卷第 3 期（2013 年 6 月），第 140—146 页。

［24］ 韩素杰、胡晓峰:《基于中国方志库的药王庙研究》,《中医文献杂志》2015 年第 2 期，第 59—63 页。

［25］ ［日］渡边义浩:《关羽：神化的〈三国志〉英雄》,北京联合出版社公司 2017 年版。

［26］ 习五一：《近代北京的行业神崇拜》,《北京联合大学学报（人文社会科学版）》第 3 卷第 1 期（2005 年 3 月），第 74—80 页。

［27］ 李乔：《邱处机被北京玉器业奉为祖师考述》,《中国道教》1987 年第 3 期，第 52—53 页（文尾转第 28 页）。

［28］ 孔祥吉：《不问苍生问鬼神——清代北京的占卜风气》,《博览群书》2013 年第 3 期，第 96—102 页。

［29］ 史可非：《北京内城现存下马碑价值及其保护》,《北京文博文丛》2017 年第 4 期，第 47—53 页。

［30］ 黎晟：《清宫南薰殿图像考述》,《美术与设计》2017 年第 6 期，第 68—76 页。

［31］ 孙蕴：《明代的文渊阁》,《文化创新比较研究》2017 年第 26 期，第 5—6 页。

［32］ 赵光华：《圆明园之一景——坐石临流考》,《圆明园》学刊第 1 期（1981 年 11 月），第 57—66 页。

［33］ 李松龄：《皇史宬：明清皇家档案库》,《北京档案》2012 年第 4 期，第 8—11 页（文尾转第 52 页）。

［34］ 麻新纯：《中国古代档案保护科技探源》,《广西民族学院学报》2006 年第 2 期，第 108—112 页。

［35］ 杨文概：《敬胜斋与〈敬胜斋法帖〉石刻廊》,《中国紫禁城学会论文集·第三辑》，第 153—160 页。

［36］ 李文辉：《北京有两个琼华岛》,《北京社会科学》2007 年第 3 期，第 93—101 页。

［37］ 李鸿斌：《燕山八景起始考》,《北京联合大学学报》2002 年第 1 期，第 97—100 页。

［38］ 张富强：《景山寿皇殿历史文化研究》,《北京学研究 2011：北京线性文化遗产保护与传承》，第 105—126 页。

［39］ 王红:《景山史迹考》,《中国紫禁城学会论文集·第二辑》,第 123—130 页。

［40］ 李海鸿:《盛世名臣傅恒述论》,《中国社会科学院研究生院学报》1999 年第 3 期,第 57—66 页。

［41］ 郑永华:《明代真武信仰在北京的繁兴及其影响》,《宗教学杂志》2019 年第 1 期,第 257—264 页。

［42］ 左芙蓉:《广化寺的文化遗产及其地位与作用》,《人文北京与世界城市建设 2010 年北京学国际学术研讨会论文集》,第 279—285 页。

［43］ 赵琛:《恭王府"福"文化研究》,《清代王府及王府文化国际学术研讨会论文集》,第 34—39 页。

［44］ 郝黎:《探秘和珅时期的花园》,《清宫史研究（第十一辑）》,第 426—433 页。

［45］ 王祎:《元碑不出吴兴外——赵孟頫书碑浅说》,《紫禁城》2017 年第 8 期,第 110—119 页。

［46］ 史可非:《贤良古祠祭春秋》,《北京档案》2016 年 4 月,第 42—44 页。

［47］ 余来明:《从"方外之人"到"宇内之民"》,《学术交流》2015 年第 9 期,第 161—168 页。

［48］ 尹志华:《清末太监与道教》,《清史研究》2019 年第 1 期,第 127—132 页。

［49］ 张杰:《朋友重然诺,况在君臣间——乾隆皇帝与"五词臣"的家人父子情》,《紫禁城》2019 年第 3 期,第 14—21 页。

深邃碑刻之旅

手绘　吴昊

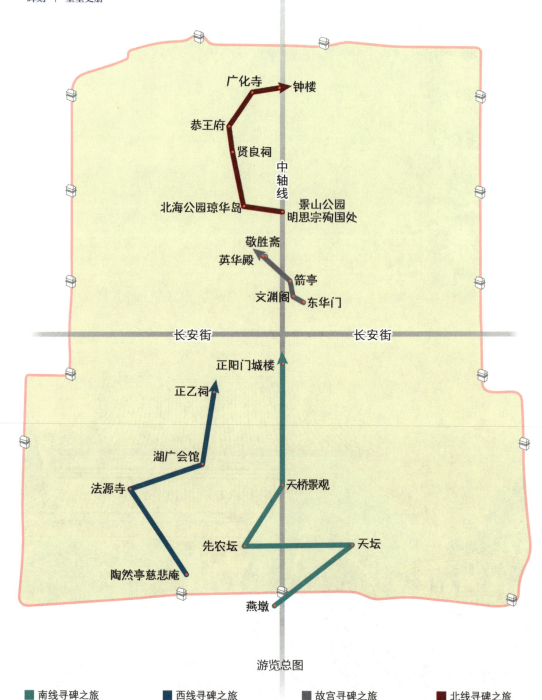

广化寺 → 钟楼

恭王府

贤良祠

中轴线

北海公园琼华岛　　景山公园 明思宗殉国处

敬胜斋

英华殿

箭亭

文渊阁　东华门

长安街　　　　　　长安街

正阳门城楼

正乙祠

湖广会馆

法源寺　　　　天桥景观

先农坛　　　　天坛

陶然亭慈悲庵

燕墩

游览总图

■ 南线寻碑之旅　　■ 西线寻碑之旅　　■ 故宫寻碑之旅　　■ 北线寻碑之旅

注：景点介绍依据其所在地理位置摆放，大致与手绘街区地图匹配。受篇幅所限，手绘图与推荐游览顺序存在不一致的情况，请参照序号对应推荐游览顺序。此外，景点可能基于修缮、布展、改扩建等原因短期闭馆，建议读者提前查阅最新信息，再前往参观。

一、南线寻碑之旅

⑤
正阳门
城楼

④
天桥景观

③
先农坛

②
天坛

①
燕墩

天坛

地址： 东城区永定门内大街东侧

简介： 天坛是明清两代皇帝祭天祈谷之地，系世界上现存最大的祭天建筑群，现列入《世界遗产名录》、全国重点文物保护单位。天坛分为内外两坛，坛墙北圆南方，象征"天圆地方"。1900 年，英军占领了天坛，给园内建筑等文物造成巨大破坏，古碑所剩无几，且多为残碑，如《香行老会碑》《神乐观碑》《重建神乐观碑》等字迹均漫漶不清。

📢 需提前一至七天在微信公众号"畅游公园"或"天坛"上预约购票。天坛面积大，访古碑颇为不易。

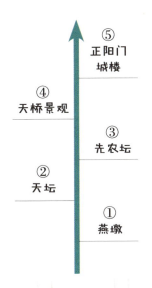

燕墩

地址： 东城区永定门外燕墩公园内

简介： 据传，燕墩在元明时期叫"烟墩"，为北京"五镇"之一的"南方之镇"，用以祈求皇图永固。墩台高九米，中央有方形台基座，上立通高八米的乾隆御制碑。碑首雕四角方形攒尖顶，四条垂脊各为一龙，碑身镶刻清乾隆十八年（1753）清高宗弘历亲撰的《皇都篇》和《帝都篇》。束腰须弥座上精雕二十四尊水神，形态各异，栩栩如生。燕墩是北京市文物保护单位，现建有燕墩公园。

📢 从地铁 14 号线永定门外站 A 口出即可看到燕墩。燕墩公园属城市街心公园，绿化好，有健身设备，全天开放。

③

先农坛

地址：西城区东经路 21 号

简介：先农坛始建于明永乐年间，是明清两代皇帝祭祀先农诸神的场所。晚清至民国时，建筑受到很大破坏，土地亦被大量占用。直到 20 世纪 80 年代，先农坛开始腾退修复，渐次恢复原面积，内坛部分被改为北京古代建筑博物馆，得到有效保护，但原有古碑基本被毁。目前仅存刻有"撷翠"二字的太湖石、具服殿东墙铁保的题字碑等。

📢 需提前一至七天在微信公众号"北京古代建筑博物馆"上预约购票，每周三前二百人免费。

⑤

正阳门城楼

地址：天安门广场南端，前门大街北侧

简介：正阳门，俗称前门，是内城九门中建筑规模最大的一座城门。正阳门城楼有四层展厅，一层、二层展示正阳楼历史，三层、四层展示地方民俗。正阳门下曾有多座碑，被称为"双绝碑"的《正阳门关候庙碑》目前流落他处，《万历间加封"神威远振天尊"碑》《天启元年义圣史王四大字碑》《天启七年礼部定典碑》等仍在。

📢 正阳门城楼采取预约领票、限量定时免费参观的方式。

④

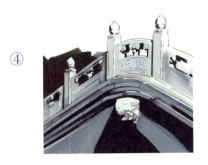

天桥景观

地址：北京天桥艺术大厦东侧

简介：老北京天桥是明清皇帝前往天坛祭天时的必经之路。供"天子"走过，因此得名天桥，也被称为中轴线的"龙鼻"。天桥经历多次改建，最终全部拆除。2013 年，北京市重建天桥景观。为了不影响交通，现天桥景观与原桥相比，向南挪了四五十米。在桥的东西两边，分别仿制了《正阳桥疏渠碑》与《〈帝都篇〉和〈皇都篇〉碑》。

📢 天桥景观位于交通干道的绿化带内，应在交通非高峰期前往参观。

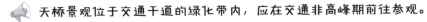

二、西线寻碑之旅

法源寺

地址： 西城区宣武门外教子胡同南端东侧

简介： 法源寺即唐代的悯忠寺，清雍正时重修并改为今名，寺内有中国佛学院、中国佛教图书文物馆。因为寺中名碑甚多，有"一座法源寺，半部中国史"之说。其中《无垢净光宝塔颂碑》是现存唯一从左至右书写碑文的古碑，内容经史思明反复修改。它在悯忠台观音殿的观音像后，该殿一般不开放。此外，还有《大元福庆寿兴元观记碑》《圣旨碑》等，都是罕见的元碑。其中《圣旨碑》使用了白话文，更显珍贵。

法源寺的丁香早在唐代便已成名，如今多是晚熟种，在每年 5 月至 6 月间开放。

④ 正乙祠

③ 湖广会馆

② 法源寺

① 陶然亭慈悲庵

陶然亭慈悲庵

地址： 西城区太平街 19 号陶然亭公园内

简介： 慈悲庵坐落于陶然亭公园湖心岛西南的高台上，建于元代。1979 年慈悲庵全面修缮后，已成小型博物馆。其中有两座辽金经幢，形制精美，是确定辽代、金代旧城的水准点。慈悲庵的准提殿内，还保存了赛金花的墓碑、《前彩云曲》（樊樊山手书）、《后彩云曲》（张伯英手书），以及张大千的《彩云图》刻石。此外，陶然亭内还保留了《重修黑窑厂慈悲院碑记》《陶然亭碑》等名碑。

需提前一至七天在微信公众号"畅游公园"上预约购票。

④

正乙祠

地址：西城区前门西河沿 220 号

简介：正乙祠所在的西河沿是清末民初的"金融街"，开设多家金店、银号、银行等。正乙祠本是明代寺庙，清康熙六年（1667）由浙江绍兴商人集资改建成银号会馆。祠内有祠堂（供奉正乙玄坛老祖，即财神赵公明）、议事大厅，还有一座木戏楼，传承三百余年，被誉为"中国戏楼活化石"。正乙祠内现有《正乙祠碑》《重修正乙祠碑》等古碑，还有清同治四年（1865）石刻，它们都是重要的历史遗迹。

 正乙祠的建筑为木结构，严禁吸烟。因为承办演出活动，有时不对外开放。

③

湖广会馆

地址：西城区虎坊路 3 号

简介：北京湖广会馆建于清嘉庆十二年（1807），内有戏楼、正厅、乡贤祠、花园等。戏楼有两层，可容纳千人，是清末民初北京"四大戏楼"之一，谭鑫培、余叔岩等名角均在此演出过。现有《戏曲博物馆石碑》，为梨园名宿时慧宝、徐兰沅所书，记载了湖广会馆建造的史实。此外，《重修湖广会馆碑记》实为刻石，现存会馆西廊，是研究戏曲史的重要文献。

湖广会馆下午 5 点 30 分即停止参观，晚上有演出活动，注意安排好时间。

三、故宫寻碑之旅

③

⑤ 英华殿

④ 敬胜斋

③ 箭亭

② 文渊阁

① 东华门

箭亭

地址: 位于紫禁城东部景运门外、奉先殿以南的开阔平地上

简介: 箭亭名为亭,实质上是一座独立的大殿,是清代皇帝及其子孙练习骑马射箭的地方,乾隆皇帝和嘉庆皇帝都曾在此射箭。清初规定,受赏在大内骑马的王公大臣入东华门后,一律在箭亭前下马。在箭亭内,设有《训守冠服骑射碑》,又称《下马必亡碑》《居安思危碑》,体现出励精图治、居安思危的智慧,至今仍有借鉴意义。

需提前一至十天在"故宫博物院"官网或微信公众号"故宫观众服务"上预约购票。带好身份证件,从午门(南门)安检后进入故宫。

文渊阁

地址：故宫博物院东华门内文华殿后

简介：文渊阁距东华门不远，是清代皇家藏书楼。它在形制上模仿了浙江宁波范氏天一阁。从外表看是上下两层，其实内部是三层，中间的暗层通风好、光照少，便于保存图书。这是古代"阁"式建筑的通例。文渊阁不只为皇家服务，大臣中嗜书好学者经允许可到阁中阅览。文渊阁中有《文渊阁碑》，碑的正面刻有《文渊阁记》，碑阴刻有四首御制诗，记录了《四库全书》的编纂经过，体量巨大，是清碑的代表作。

📢 为了防火，游客不能进入室内，只能在建筑物外参观，但可以访碑。

东华门

地址：东城区景山前街 4 号故宫博物院内

简介：东华门是紫禁城的东门，清初只准内阁官员出入，乾隆年间才特许高龄的一品、二品官员出入。依例，最早上朝的是军机大臣，他们经宣武门（凌晨 1 点开）入城，从东华门入大内。门外有下马碑，两人多高，设在桥头值班房边。在故宫的午门、西华门、神武门前，各有一通下马碑。清代的下马碑形制独特，存量极少，虽不起眼，却是重要的历史见证。

⑤

④

英华殿

地址：紫禁城内廷外西路西北

简介：英华殿始建于明代，是明清两代皇太后及太妃、太嫔礼佛之地，著名的《御制英华殿菩提树碑》便立在这里。故宫有许多名木，御花园中古柏大多植于明代。英华殿有两棵明代"菩提树"，被称为北京最古老的"菩提树"，相传是明万历皇帝生母慈圣李太后所植，后来乾隆写下《英华殿菩提树歌》。

📢 菩提子有十多种，英华殿中的菩提子并非宗教用品，且属公物，不可采摘。

敬胜斋

地址：故宫博物院建福宫西花园内，北依宫墙而建

简介：敬胜斋本是建福宫花园的一个组成部分，俗称西花园，仿江南园林设计而建。一般游客很少关注敬胜斋，但这里曾是乾隆皇帝常来练字的地方，后选择其中佳作刻成《敬胜斋法帖》，因刻工极其精美，且传拓很少（全国只有故宫博物院保存了六部，民间只有残卷），被视为不可多得的精品。大部分《敬胜斋法帖》石刻嵌于乐寿堂、颐和轩廊壁上，堪称乾隆皇帝个人书法艺术的碑林。

四、北线寻碑之旅

②

```
                              ⑥
                             钟楼
              ⑤
             广化寺           ④
              ③            恭王府
             贤良祠
              ①            ②
            景山公园        北海公园
            明思宗          琼华岛
            殉国处
```

北海公园琼华岛

地址： 西城区文津街 1 号北海公园内

简介： 北海公园主要由琼华岛、东岸、北岸、西岸四大景区组成。琼华岛是北海的中心景区，登白塔山可俯瞰北京风光。岛上现存乾隆年间立的《琼岛春阴碑》和《昆仑碑》，形制都是乾隆皇帝独创的，它们是多种艺术形式完美结合的典范。

📢 需提前一至七天在微信公众号"畅游公园"上预约购票，登琼华岛应选择联票。

景山公园明思宗殉国处

①

地址： 西城区景山西街 44 号景山东坡

简介： 明崇祯十七年（1644），李自成率四十万农民起义军攻入北京，崇祯皇帝逃到景山，自缢于一棵槐树上。清军入关后，顺治帝在那棵树上加了锁链，命名为"罪槐"，并规定凡皇室人员至此必须驻足观瞻，以示不忘历史教训。此处现有《明思宗殉国处碑》《明思宗殉国三百年纪念碑》，表达了"景山无好景，思宗却可思"。

📢 需提前一至七天在微信公众号"畅游公园"上预约购票。景山公园有东、南、西三个门可进入。

④

恭王府

地址：西城区前海西街 17 号

简介：恭王府为清代规模宏大的一座王府，先后是权臣和珅、庆僖亲王永璘、恭亲王奕䜣的宅邸。恭王府建筑风格多样，历史悠久，有"一座恭王府，半部清代史"之说。清末恭王府没落，到 20 世纪 80 年代初，已被八家单位分占，住户多达二百余户。2008 年，恭王府修缮工程完成，对外开放。府中古碑皆无存，仅存"福"字刻石，被称为"天下第一福"。

📢 需提前一至十天在微信公众号"恭王府博物馆"上预约购票。

③

贤良祠

地址：西城区地安门西大街 103 号

简介：始建于清雍正八年（1730），历时三年建成，是清政府为表彰忠臣良将而建的。清代王公大臣莫不以身后入贤良祠为最大荣耀。自该祠建成至清朝灭亡的一百七十余年间，共有一百七十多人被批准入祠，包括允祥、图海、傅恒、福康安等。目前祠中仍存雍正《御制贤良祠碑》两通，置于碑亭中，分别用满文、汉文书写。

⑥

钟楼

地址：东城区钟楼湾胡同内

简介：钟楼在鼓楼北约一百米，是老北京中轴线的北端点。有学者认为，原址是元大都大天寿万宁寺之中心阁。明永乐十八年（1420）始建，后毁于大火。清乾隆十年（1745）重建。钟楼下有《御制重建钟楼碑记》，为清代著名书法家梁诗正所书，极为罕见。民国时京兆尹薛笃弼为推进教育，开通俗教育馆，在旧碑的碑阴刻了《京兆通俗教育馆记》。古今一体，实为罕见。

 碑在钟楼下，两边设有栏杆，不可近观。

⑤

广化寺

地址：西城区鼓楼西大街鸦儿胡同 31 号

简介：广化寺建于元至正元年间，明清时期是北京有影响的净土宗佛刹。清末民初，广化寺一度成为京师图书馆。广化寺历史悠久，收藏有国家各级文物一千七百一十六件，包括雍正皇帝抄写的《金刚经》等，古碑《重修广化寺碑》《敕赐广化寺记》《天顺诰敕碑》《成化诰敕碑》等，有非常高的文献价值。

 广化寺是北京市佛教协会所在地，平时只对游人开放前院，后院的古碑无法观赏。